海上絲綢之路基本文獻叢書

皇明四夷考

〔明〕鄭曉 撰

文物出版社

圖書在版編目（CIP）數據

皇明四夷考 /（明）鄭曉撰. -- 北京 : 文物出版社，2022.6
（海上絲綢之路基本文獻叢書）
ISBN 978-7-5010-7524-9

Ⅰ. ①皇… Ⅱ. ①鄭… Ⅲ. ①歷史地理－考證－亞洲 Ⅳ. ①K930.6

中國版本圖書館CIP數據核字（2022）第064252號

海上絲綢之路基本文獻叢書
皇明四夷考

著　　者：〔明〕鄭曉
策　　划：盛世博閱（北京）文化有限責任公司

封面設計：鞏榮彪
責任編輯：劉永海
責任印製：張道奇

出版發行：文物出版社
社　　址：北京市東城區東直門內北小街2號樓
郵　　編：100007
網　　址：http://www.wenwu.com
郵　　箱：web@wenwu.com
經　　銷：新華書店
印　　刷：北京旺都印務有限公司
開　　本：787mm×1092mm　1/16
印　　張：14
版　　次：2022年6月第1版
印　　次：2022年6月第1次印刷
書　　號：ISBN 978-7-5010-7524-9
定　　價：98.00圓

總緒

海上絲綢之路，一般意義上是指從秦漢至鴉片戰争前中國與世界進行政治、經濟、文化交流的海上通道，主要分爲經由黄海、東海的海路最終抵達日本列島及朝鮮半島的東海航綫和以徐聞、合浦、廣州、泉州爲起點通往東南亞及印度洋地區的南海航綫。

在中國古代文獻中，最早、最詳細記載『海上絲綢之路』航綫的是東漢班固的《漢書·地理志》，詳細記載了西漢黄門譯長率領應募者入海『齎黄金雜繒而往』之事，書中所出現的地理記載與東南亞地區相關，并與實際的地理狀况基本相符。

東漢後，中國進入魏晋南北朝長達三百多年的分裂割據時期，絲路上的交往也走向低谷。這一時期的絲路交往，以法顯的西行最爲著名。法顯作爲從陸路西行到印度，再由海路回國的第一人，根據親身經歷所寫的《佛國記》（又稱《法顯傳》）一書，詳細介紹了古代中亞和印度、巴基斯坦、斯里蘭卡等地的歷史及風土人情，是瞭解和研究海陸絲綢之路的珍貴歷史資料。

隨着隋唐的統一，中國經濟重心的南移，中國與西方交通以海路爲主，海上絲綢之路進入大發展時期。廣州成爲唐朝最大的海外貿易中心，朝廷設立市舶司，專門管理海外貿易。唐代著名的地理學家賈耽（七三〇～八〇五年）的《皇華四達記》記載了從廣州通往阿拉伯地區的海上交通『廣州通夷道』，詳述了從廣州港出發，經越南、馬來半島、蘇門答臘半島至印度、錫蘭，直至波斯灣沿岸各國的航綫及沿途地區的方位、名稱、島礁、山川、民俗等。譯經大師義净西行求法，將沿途見聞寫成著作《大唐西域求法高僧傳》，詳細記載了海上絲綢之路的發展變化，是我們瞭解絲綢之路不可多得的第一手資料。

宋代的造船技術和航海技術顯著提高，指南針廣泛應用於航海，中國商船的遠航能力大大提升。北宋徐兢的《宣和奉使高麗圖經》詳細記述了船舶製造、海洋地理和往來航綫，是研究宋代海外交通史、中朝友好關係史、中朝經濟文化交流史的重要文獻。南宋趙汝適《諸蕃志》記載，南海有五十三個國家和地區與南宋通商貿易，形成了通往日本、高麗、東南亞、印度、波斯、阿拉伯等地的『海上絲綢之路』。宋代爲了加强商貿往來，於北宋神宗元豐三年（一〇八〇年）頒佈了中國歷史上第一部海洋貿易管理條例《廣州市舶條法》，并稱爲宋代貿易管理的制度範本。

元朝在經濟上採用重商主義政策，鼓勵海外貿易，中國與歐洲的聯繫與交往非常頻繁，其中馬可·波羅、伊本·白圖泰等歐洲旅行家來到中國，留下了大量的旅行記，記録元代海上絲綢之路的盛況。元代的汪大淵兩次出海，撰寫出《島夷志略》一書，記録了二百多個國名和地名，其中不少首次見於中國著録，涉及的地理範圍東至菲律賓群島，西至非洲。這些都反映了元朝時中西經濟文化交流的豐富内容。

明、清政府先後多次實施海禁政策，海上絲綢之路的貿易逐漸衰落。但是從明永樂三年至明宣德八年的二十八年裏，鄭和率船隊七下西洋，先後到達的國家多達三十多個，在進行經貿交流的同時，也極大地促進了中外文化的交流，這些都詳見於《西洋蕃國志》《星槎勝覽》《瀛涯勝覽》等典籍中。

關於海上絲綢之路的文獻記述，除上述官員、學者、求法或傳教高僧以及旅行者的著作外，自《漢書》之後，歷代正史大都列有《地理志》《四夷傳》《西域傳》《外國傳》《蠻夷傳》《屬國傳》等篇章，加上唐宋以來衆多的典制類文獻、地方史志文獻，集中反映了歷代王朝對於周邊部族、政權以及西方世界的認識，都是關於海上絲綢之路的原始史料性文獻。

海上絲綢之路概念的形成，經歷了一個演變的過程。十九世紀七十年代德國地理學家費迪南・馮・李希霍芬（Ferdinad Von Richthofen，一八三三～一九〇五），在其《中國：親身旅行和研究成果》第三卷中首次把輸出中國絲綢的東西陸路稱爲『絲綢之路』。有『歐洲漢學泰斗』之稱的法國漢學家沙畹（Édouard Chavannes，一八六五～一九一八），在其一九〇三年著作的《西突厥史料》中提出『絲路有海陸兩道』，蘊涵了海上絲綢之路最初提法。迄今發現最早正式提出『海上絲綢之路』一詞的是日本考古學家三杉隆敏，他在一九六七年出版《中國瓷器之旅：探索海上的絲綢之路》中首次使用『海上絲綢之路』一詞；一九七九年三杉隆敏又出版了《海上絲綢之路》一書，其立意和出發點局限在東西方之間的陶瓷貿易與交流史。

二十世紀八十年代以來，在海外交通史研究中，『海上絲綢之路』一詞逐漸成爲中外學術界廣泛接受的概念。根據姚楠等人研究，饒宗頤先生是華人中最早提出『海上絲綢之路』的人，他的《海道之絲路與昆侖舶》正式提出『海上絲路』的稱謂。選堂先生評價海上絲綢之路是外交、貿易和文化交流作用的通道。此後，大陸學者馮蔚然在一九七八年編寫的《航運史話》中，使用『海上絲綢之路』一詞，這是迄今學界查到的中國大陸最早使用『海上絲綢之路』的人，更多地限於航海活動領域的考察。一九八〇年北京大學陳炎教授提出『海上絲綢之路』研究，并於一九八一年發表《略論海上絲綢之路》一文。他對海上絲綢之路的理解超越以往，且帶有濃厚的愛國主義思想。陳炎教授之後，從事研究海上絲綢之路的學者越來越多，尤其沿海港口城市向聯合國申請海上絲綢之路非物質文化遺産活動，將海上絲綢之路研究推向新高潮。另外，國家把建設『絲綢之路經濟帶』和『二十一世紀海上絲綢之路』作爲對外發展方針，將這一學術課題提升爲國家願景的高度，使海上絲綢之路形成超越學術進入政經層面的熱潮。

與海上絲綢之路學的萬千氣象相對應，海上絲綢之路文獻的整理工作仍顯滯後，遠遠跟不上突飛猛進的研究進展。二〇一八年厦門大學、中山大學等單位聯合發起『海上絲綢之路文獻集成』專案，尚在醞釀當中。我們不揣淺陋，深入調查，廣泛搜集，將有關海上絲綢之路的原始史料文獻和研究文獻，分爲風俗物産、雜史筆記、海防海事、典章檔案等六個類别，彙編成《海上絲綢之路歷史文化叢書》，於二〇二〇年影印出版。此輯面市以來，深受各大圖書館及相關研究者好評。爲讓更多的讀者親近古籍文獻，我們遴選出前編中的菁華，彙編成《海上絲綢之路基本文獻叢書》，以單行本影印出版，以饗讀者，以期爲讀者展現出一幅幅中外經濟文化交流的精美畫卷，爲海上絲綢之路的研究提供歷史借鑒，爲『二十一世紀海上絲綢之路』倡議構想的實踐做好歷史的詮釋和注脚，從而達到『以史爲鑒』『古爲今用』的目的。

凡例

一、本編注重史料的珍稀性，從《海上絲綢之路歷史文化叢書》中遴選出菁華，擬出版百册單行本。

二、本編所選之文獻，其編纂的年代下限至一九四九年。

三、本編排序無嚴格定式，所選之文獻篇幅以二百餘頁爲宜，以便讀者閱讀使用。

四、本編所選文獻，每種前皆注明版本、著者。

五、本編文獻皆爲影印，原始文本掃描之後經過修復處理，仍存原式，少數文獻由於原始底本欠佳，略有模糊之處，不影響閱讀使用。

六、本編原始底本非一時一地之出版物，原書裝幀、開本多有不同，本書彙編之後，統一爲十六開右翻本。

目録

皇明四夷考

皇明四夷考

二卷

〔明〕鄭曉 撰

明萬曆二十七年鄭心材刻《吾學編》本

皇明四夷考序

四夷何以首安南也我郡縣也次兀良哈何我武衛也哈密女直非歟羈縻之虜非我官長也兀良哈之有三衛以靖難歟非也大寧之北有三衛也盖自洪武始也其南據大寧也乃自永樂始也將復交趾而收大寧乎都統之議夷且啞我華蘭台以駸駸乎我貳矣棄哈密而撫女直乎哈密罷我河西女直扞我遼東也土番入哈密而嘉峪不驚胡虜通女直而山海弗靖矣朝鮮何以次兀良哈也知禮教也大國也琉球小夷何以次朝鮮也學

于中國也何以終韃靼也非前寇乎我勝國也盛衰之運中國有安危焉以故別考而存之戰守之畧可幾而得矣　高皇何以有海外之使也更始也　成祖西洋之艓不已勞乎鄭和之泛海與胡濙之頒書也國有大疑焉爾羌三王胡四王我釐釐焉西番五王世優之何也不能爲我深創也苟因俗而治之得相安焉可矣西域何以不得浮南海也王公設險假樹渠焉如之何使其縱橫出入幾徧宇內也海島之夷勤我封使往來之禮歟夷不言往來往來言諸侯也四夷來王八蠻通道未

聞有報使焉然則領封可乎奚爲而不可也陪臣請命于京師王人致命于海上非往來乎嗚呼均覆載者天德也辨華夷者王道也昔也外夷入中華今也華人入外夷也喜寧田小兒宋素卿莫登瀛皆我華人雲中閩浙憂未艾也是故慎封守者非直禦外侮亦以固內防也池魚故淵飛鳥舊林人情獨不然乎彼其忍於捐墳墓父母妻子鄉井而從異類者必有大不得已也嗚呼德惟善政政在養民盍亦反其本矣不然而欲郡縣我子弟武衛我干城烏可得哉

嘉靖甲子三月朔日鄭曉識

皇明四夷考目錄

皇明四夷考目錄終

皇明四夷考上卷

吾學編第

海鹽鄭曉

皇明祖訓曰四方諸夷皆限山隔海僻在一隅得其地不足以供賦得其民不足以供役若其自不揣量來擾我邊則彼爲不祥彼旣不爲中國患而我興兵輕伐亦不祥也吾恐後世子孫倚中國富彊貪一時戰功無故興兵致傷人命切記不可但胡戎與西北邊境互相密邇累世戰爭必選將練兵時謹備之不征諸夷東北朝鮮即高麗其李仁人及子成桂今名旦者自洪武六年至二十八年首尾凡弒王氏四王姑待之正東偏北日本雖朝

實詐瘖通好臣胡惟庸謀爲不軌故絕之正南偏東大琉球朝貢不時王子及陪臣之子皆入太學讀書禮待甚厚小琉球不通往來不曾朝貢西南安南三年一貢眞臘朝貢如常濵海暹羅朝貢如常濵海占城自占城以下諸國朝時內帶行商多譎詐故沮之自洪武八年阻至十二年方乃得止國濵海蘇門答剌濵海西洋濵海爪哇濵海彭亨居海中百花居海中三佛齊居海中浡泥居海中

洪武四年九月　上御奉天門諭省府臺臣曰海外夷國爲患中國者不得不討不爲中國患者不可輙用兵古人言地廣非久安之計民勞乃易變之源隋煬帝妄興師旅征討琉球荼毒生民徒慕

虛名疲中土載諸史冊爲後世譏朕以諸小蠻夷
阻越山海不侵中國無煩用兵惟西北胡戎世爲
中國患不可不謹備卿等記此言知朕意
洪武十五年命翰林侍講火原潔等編類華夷譯
語　上以前元素無文字發號施令但借高昌書
製蒙古字行天下乃命原潔與編修馬懿赤黑等
以華言譯其語凡天文地理人事物類服食器用
靡不具載復取元秘史參考以切其字諧其聲音
既成刊布自是使臣往來朔漠皆能得其情
凡四夷分十八所設通事六十人大通事有都督

都指揮等官統諸小通事總理貢夷降夷及歸正人夷情番字文書譯審奏聞

永樂七年遣太監鄭和王景弘侯顯率官兵三萬下西洋凡西洋功次即非斬首選法不得減革十三年吏部員外郎陳誠上使西域記凡十七國

安南

安南唐虞時南交也秦爲象郡漢爲南越所據武帝平南越置交趾九眞日南三郡朱梁時始土豪曲承美者據之已而并于劉隱未幾管内大亂衆推豪酋丁部爲州帥部子璉繼立宋旣平嶺表璉

遂內附黎桓篡丁氏李公蘊又篡黎氏陳日煚又篡李氏宋以遠夷故置不問相繼皆封爲交趾郡王元朝兼有華夷至憲宗遣將破其國而日煚竄居海島弱不能支始歸附元封其子光昺爲安南國王光昺死子日烜自立元發兵破之日烜卒子日燇遣使朝貢元末天下大亂安南不至明興削平羣盜驅逐胡元洪武元年登極詔諭薄海內外日煃大懼又聞征南將軍廖永忠副將軍朱亮祖帥師逾嶺降何真定廣東西日煃欲納款又以粱王尚在雲南持兩端二年始遣其少中大夫同時

四夷考　卷上　三　陳三百八十五

敏正大夫段悌黎安世等來朝貢請封遣侍讀學士張以寧典簿牛諒封日煃爲安南國王賜駝紐塗金銀印以寧等至安南界日煃已卒其弟日熞嗣立遣阮汝亮迎請誥印以寧等不從日熞遣杜舜欽等請命于朝以寧駐安南候命詔封日熞爲王是年遣翰林編修羅復仁兵部主事張福詔諭安南占城國王各罷兵息民皆聽命三年日熞卒封其子日鑑嗣王五年陳叔明遣人朝貢却不受明年又遣人納貢謝罪請封當是時煒嗣王叔明者煒兄也專國政十二年煒遣使來貢　上惡其

疆悍數侵占城詔諭叔明二十年煒遣使貢賀聖壽二十一年國相黎季犛廢其主煒幽大陽坊尋弑煒立叔明子日焜主國事二十二年又弑日焜假煒名遣人來貢二十六年遣禮部尚書任亨太監察御史嚴震直諭令出兵討龍州趙宗壽二十七年遣人朝貢却不受二十九年遣行人陳誠呂讓諭令還思明伍縣不聽陳氏傳十二世至日焜而黎氏篡立僭稱皇帝國號大虞紀元天聖永樂初季犛上表竄姓名爲胡一元子蒼易名𡗶詐稱陳氏絕𡗶爲陳氏甥求權署國事朝廷從其請逾

年陳王孫添平走至京言季犛弑簒季犛詐上表請迎添平歸還以國　上遣行人聶聰送添平歸國勑征南副將軍黄中吕毅率兵禦之季犛伏兵芹站殺添平及我使人　上怒永樂四年七月辛卯以成國公能爲征夷將軍總兵官西平侯晟新城侯輔左右副將軍豐城侯彬雲陽伯旭左右叅將大將軍率右副將軍右叅將及清遠伯友統神機將軍程寛朱貴遊擊將軍毛八丹朱廣王恕等横海將軍魯麟王玉商鵬鷹揚將軍吕毅朱吳江浩方政驃騎將軍朱榮金銘吳旺劉塔等二十五

將軍以兩京畿荆湖閩浙廣東西兵出廣西憑祥左副將軍左參將統都指揮陳濬盧旺等以巴蜀建昌雲貴兵出雲南蒙自兵部尚書劉儁參贊戎務尚書黃福大理寺卿陳洽轉餉是日上幸龍江禡祭誓衆曰黎賊父子必獲無赦脅從必釋毋養亂毋玩寇毋毀廬墓毋害稼穡毋恣取貨財毋掠人妻女毋殺降有一於此雖功不宥毋冒險肆行毋貪利輕進罪人既得即擇立陳氏子孫賢者撫治一方班師告廟揚功名於無窮其往勉之時晟鎮雲南先遣彬以征夷副將軍印制授晟十月輔

兵度坡壘關傳檄數黎賊二十罪遂入雞陵關晟兵至白鶴江賊拒守富良江能卒以輔爲征夷將軍代能十二月勅行人朱勸諭黎賊晟兵奪宣江進次沱江輔兵渡沱江合兵渡富良江進克多邦城焚賊西都賊走入海輔駐兵交州晟追賊至木丸江五年正月輔晟合兵破籌江柵賊走悶海口敗之富良江五月賊走乂安都督僉事柳升率舟師追賊敗之得賊船三百賊遁且入海輔晟乘勝追之升引兵出奇羅海口賊敗卒王柴胡等七人擒季犛李保等十人擒其子澄安南人武如卿等

僞大虞皇帝蒼僞太子芮僞將相王侯柱國黎季犛等詔求陳氏後復立爲安南國王國人言黎賊殘陳氏無後乃郡縣其地立交趾布政使司都指揮使司按察司分十七府曰交州北江諒江三江建平新安建昌奉化清化宣化大原鎮蠻諒山新平乂安順化升華四十七州一百五十七縣衛十一所三市舶司一改雞陵關爲鎮夷關安撫人民三百二十萬獲蠻人二百八萬七千五百糧儲一千三百六十萬石象馬牛十三萬五千九百船八千七百軍器二千五十三萬九千勑黄尚書兼掌

布按二司事勅輔晟儁交趾應有懷才抱德山林隱逸明經能文博學有才賢良方正孝悌力田聰明正直廉能幹濟練達吏事精通書算明習兵法武藝智謀容貌魁偉語言便利膂力勇敢陰陽術數藥醫方技之人悉心訪求禮送京師擢用九月輔遣升露布獻俘季犛蒼及僞將相下獄赦澄芮等令有司衣食之陞柴胡等指揮使僉事千戶是冬贈故安南國王陳氏子孫七人官六年七月進封輔爲英國公晟黔國公封升安遠伯八月交人簡定鄧悉反以晟爲征夷將軍帥師討之儁仍參

贊十二月晟與賊簡定戰於生厥江敗績㑺都督呂毅交趾叅政劉昱皆沒七年二月勑輔總兵討賊言晟出師失律致賊猖獗今聞鄧悉死而八百媳婦老撾猶供饋者何人賊云有象五萬又謂我將帥皆易與宜戒慎同心恊力早滅此賊五月簡定稱上皇立陳季擴爲大越皇帝改元重光八月輔敗賊于鹹子關九月又敗之太平海口十月季擴稱故王後請封輔不聽進兵至清化十一月輔獲簡定及其僞將相八年正月召輔還令晟節制諸軍簡定檻至京伏誅十二月季擴人上表請降

遣方通政諭季擴以爲交趾右布政使又以其黨陳原樽爲參政胡具澄景異鄧鎔都指揮潘季祐按察副使是月季擴景異復反九年正月以輔爲征虜副將軍總兵會征夷將軍晟率師討之二月詔赦交趾七月輔晟敗賊于月常江十一月輔率舟師破賊于海上十年八月又破賊于神投海口十月又破賊西心江十一年十二月輔晟會兵敗賊于愛子江擒季擴十二年八月檻至京伏誅十三年四月以輔爲征夷將軍總兵鎮交趾十四年十一月召輔還豐城侯彬代輔十六年正月清化

土官巡檢黎利反侯彬遣都督朱廣往勦之利初從季擴爲金吾將軍已而來降令爲土巡檢輔還遂反稱平定王以弟黎石爲相國叚莽都督聚賊衆范柳范晏等肆出劫掠廣兵至斬首六百擒晏利遁去彬請就交趾戮晏等以徇七月交趾右布政使莫勛及交州知府杜希望令縣丞黎獻率家人五百力役北京十七年巡按御史黄宗載言交趾新入版圖勞來尤在得人今府州縣多兩廣雲南歲貢生及下第舉人未入國學乞仕遠方遂授以職旣乏之大學教養之素又非諸司歷試之才以

故牧民者不知撫字理刑者不諳法律若候九年黜陟廢弛益多宜令到任二年以上者從巡按御史及布按二司嚴覈其廉汙能否上狀黜陟從之十八年五月勅侯彬叛寇黎利潘僚車三農文歷等迄今未獲未審兵何時得息民何時得安宜盡心畫方略早滅此賊交趾參政侯保馮貴討賊戰死十九年五月彬請屯田九月彬言利奔老撾我進兵討捕老撾輒遣頭目覽者郎阻我兵勿入境云即發兵象大索利送軍門久之竟不獲利　上曰老撾匿賊持兩端令彬遣頭目至京詰之是冬

赦利以爲清化知府遣内官山壽諭利二十二年
仁宗即位召福還以洽爲兵部尚書代福是冬交
阯叅將保定侯瑛榮昌伯智言壽未至利復反政
大理寺卿楊時習爲按察使以弋謙爲布政使内
官馬騏自交阯召還未幾矯旨下内閣書勑復往
交阯閘辦金銀珠香内閣覆請　上正色曰朕安
得有此言此奴曩在交阯荼毒軍民卿等獨不聞
乎自騏召還交人如解倒懸豈可再遣然亦不誅
騏也洪熙元年二月以智爲征夷副將軍總兵討
利六月　宣宗即位七月命行在兵部侍郎戴綸

副洽贊理智軍務八月賊阮可郎等伏誅十一月勑智及安平伯安都督方政及三司賊利包藏禍心已非一日始若易取誤信人言惟事招撫迄今八年終不聽命忠臣罹害良民被毒其誰之過智等其急進兵務協和成功來春不捷論罪是月上欲棄交趾問英國公輔尚書義原吉皆曰不可棄問内閣士奇榮皆頓首稱善宣德元年三月智政兵討利進至茶籠州敗績四月以成山侯通爲征夷將軍總兵都督馬瑛叅將討賊尚書洽仍贊叅軍務安平伯安掌交趾都司事削智政官爵五

月赦交趾十一月通擊賊敗績十二月賊攻清化州不利引去以安遠侯升爲征虜副將軍總兵保定伯銘左副總兵都督崔聚右參將由廣西黔國公晟爲征南將軍總兵興安伯亨左副總兵新寧伯忠右副總兵由雲南率兵兩道討賊兵部尚書李慶參贊軍務工部尚書兼詹事黃福仍掌交趾布按二司事勑通守城練兵侯升等至進兵二年正月　上念久用兵勞費又問大臣士奇榮力贊上止兵棄交趾便利攻交趾城通等出戰敗之斬僞司徒司空太尉少尉太監黎笏等四月利陷昌

江通斂兵不出賊書與通請和通遂許清化諸州地與賊遣指揮闞忠與利所遣人上表貢方物七月賊破隘留關圍丘溫鎮遠侯與祖擁兵南寧不肯援城陷逮興祖九月升等師至隘留關利遣人詣軍門上書言窮迫乞罷兵立陳氏後升易賊賊伏四起升中鏢死是日銘病卒明日慶亦卒聚兵亦敗諸將兵皆阻賊不得進十月通出下哨河立壇與利盟約退師且宴利遺利金織文綺利亦以重寶謝通是月忠及利所遣人至京表以陳暠爲名實出利　上覽表示羣臣曰賊表乞復立陳氏

後從之便抑不從便群臣以内閣主議故皆曰從之便　上曰然十一月以行在禮部侍郎李琦工部侍郎羅汝敬充正使通政黄驥鴻臚卿徐永達副使詔諭安南言利表言前國王遺嗣暠尚在老撾國人乞封暠王永奉職貢頭目耆老其以實對朕即遣使授封朝貢如洪武故事又勑通等即日班師内外鎮守三司衛所府州縣文武吏士携家來歸三年正月通馳奏僞王陳暠遣黎少頴表貢代身金銀人謝罪并送我叛人都督都指揮蔡福等還京乞班師臣兵寡援絶人情警懼賊控據水

陸陷奪城池臣與衆議不如因其納貢請降全師出境再圖後舉臣已率將士還至南寧俟命　上覽奏勑通虧損臣節遺笑蠻方如國體何三月少頡至京表稱安南國先陳王臣暊三世嫡孫臣暠及頭目臣黎利云四月通至京群臣劾通及瑛智安政布政使弋謙內官山壽馬騏等下廷鞫言通等失律喪師棄地壽曲護叛賊騏激變藩方論死繫詔獄籍其家瑛等坐罪有差與祖亦下詔獄五月琦汝敬等還利遣人表謝言暠會病卒族人並絕國中推利守國俟命汝敬永達復奉詔諭利及

耆老訪陳後聞群臣又劾晟亨忠奉命與升掎角進兵顧逗遛逾時方臨賊境與升等聲聞斷絶賊得專力拒我及聞升陷沒又不進援通等輙狼狽引退爲賊所乘殺傷吏士委棄鎧杖賊勢益横城池失守乞亟正邦刑　上曲赦晟令臺中繳劾章示晟亨忠俟還京論罪贈交趾死節都指揮李任指揮顧福劉順徐䮍周安千戶蔡顒桂勝知府劉子輔易先知州何忠内官馮智等官武官世職文官復其家誅叛臣蔡福等籍其家四年二月汝敬等還利遣人貢方物三月遣琦永達行人張聰勅

諭利三月琦等還利遣人貢金銀釦器方物并上

國人奏言陳氏無後利撫綏有方得民心乞令管

攝永爲藩臣奉職貢六年五月利遣人陳情謝罪

貢方物六月遣行在禮部侍郎章敞通政徐琦詔

利權署安南國事七年二月敞等還利遣人貢謝

八年八月利遣人入貢九年三月廣西總兵山雲

言利死長子狂妄次子幼弱姦臣黎問黎察搆黨

相讐殺夷民驚懼諒山土官阮世寧七源土官阮

公廷率衆避難來歸願居廣西龍州及太平府上

下凍州勑雲利本起微賤因奏立暠從人望朕志

在息民遂詔罷兵徐議立暠利遽奏暠死暠之死利所爲也朝廷即欲問罪不忍毒民令權署國事多行不義爲天所殛爾戒飭邊兵嚴謹守備勿忽世寧公廷可善撫之四月琦等還言利死利子麟遣人告喪獻金人方物五月遣行人郭濟朱弼祭利十月麟令人上表請命遣敞及行人侯璡諭麟仍權署安南國事十二月欽州貼浪如昔人叛降麟正統中麟卒子濬嗣天順中濬被篡弟灝嗣弘治中灝卒長子暉先卒子誼嗣正德初誼被篡國人請以灝庶子賙嗣　朝廷登極改元遣使詔諭

交酋亦數遣使朝貢然時時南侵占城占城上聞諭禁之輒陽聽命侵盜如故已而中國人多潛入交南至有受僞御史者教之窺伺雲南太監錢能貪殘令京衛指揮郭景矯奉勑旨往來交南猾夷奸闌出入莫敢誰何遂誘我逋逃覘我虛實鎮南關外類多華人而臨安諸郡所在有夷賊矣於是撫臣屢請增置文武吏士控制彈壓然交人侵奪欽州里社我亦不能禁是時賙弱懦無爲境内盜起羣下專權虐政暴征人不堪命正德十年賙遣阮仲逵朝貢是年陳暠作亂殺賙奸酋莫登庸及

其子方瀛結黎義昭等共推瞷從子譓嗣而討殺陳暠嘉靖改元遣使詔諭瞷瞷且死七年矣譓不請封輒改元光紹暠父子亦據諒山等府稱王改元天應莫登庸妻灝妻逼譓走海濱使命不能達而還當是時登庸遂與陳氏分據交地杜溫閏鄭綏不肯從登庸已而譓死登庸又曰灝有子應譓弟也矯立應相拒交人曰灝死久矣應本登庸子譓同母弟也嘉靖初田州岑猛叛兩廣總督姚鎮討鴆殺之謂岑氏可遂滅疏請設流官治田州而盧蘇王受諸孽輒逼交南流言搖惑滇嶺間人鎮

被論落職桂萼初嚮用言提督兩廣并新建伯王守仁不可遂起新建伯兼兵部尚書總制兩廣江湖諸省軍務新建伯至嶺南始知流官不可設請復官猛子邦相爲田州判官盧蘇亦與土巡檢羈縻之萼新建伯病謂翁萬達曰田州事非我本心後世誰諒我者新建伯初起用皆萼之力萼議禮致位卿輔欲立奇功會安南有亂冀可傳檄取之乃陰以意寓書授新建伯若專爲思田者使密探安南要領而新建伯不答直於奏尾稍及之萼遂恚憾會新建伯卒竟中傷革世爵及卹典云嘉靖

十五年哀冲太子生頒詔諸夷禮官言安南久不
廷不必遣使請發兵討之下廷議諸大臣不可勑
錦衣衛官使安南察之已而又遣禮部尚書黄綰
翰林學士張治使安南時車駕巡承天綰治行有
日又復止兩廣守臣言安南莫氏簒逆國内大亂
時出侵掠遂命兵部尚書毛伯温至廣東議方畧
進兵討莫氏會莫氏請命嶺南知府廉州張岳梧
州翁萬達廣州鄒守愚及巡撫諸臣亦不欲用兵
騷動數省條議上伯温請赦莫氏以爲安南都統
使會登庸死伯温請以制命授其孫福海嘉靖二

十年六月班師論功進秩賞賚有差未幾福海復爲黎寧所逐黎氏仍據國莫氏竄居南海島上朝廷置不問交趾東起欽州西歷左江北至臨安元江龍州其孔道憑祥其要害也由臨安經蒙自河蓮花灘至其東都可四五日其俗夷獠雜居不知禮義獷悍喜鬬不解耕種椎髻剪髮好浴善水平居不冠惟交愛人倜儻好謀驩演人淳秀好學其山川佛跡勾漏海富良江爲大産金珠珊瑚玳瑁丹珠諸香蘇合油胡椒羚羊角犀象兕白鹿猩猩狒狒白雉翡翠蚺蛇蟻子鹽鹽波羅蜜烏木蘇木

境内有越王城天使館浪泊柱銅鼓

兀良哈

兀良哈在烏龍江南漁陽塞北春秋時山戎地元爲大寧路户四萬六千口四十四萬八千國初割錦義建利諸州隷遼東設都司於惠州領營興衛二十餘衛所所謂北平行都司也洪武十四年封子權於大寧爲寧王二十二年分兀良哈爲三衛於横水之北曰朶顔曰福餘曰大寧處降胡以脱魯忽察兒海撒男奚阿札失里爲三衛指揮使同知並邊爲我藩籬靖難初首劫大寧兵及召兀良

哈諸酋率部落從行有功遂以大寧畀三衛寧王移封南昌徙行都司於保定爲大寧都司令三衛歲二貢貢衛百人東起廣寧前屯歷喜峰近宣府爲朶顔自黄泥窪逾瀋陽鐵嶺至開原爲福餘由錦義度遼河至白雲山爲大寧皆逐水草無恒居三衛朶顔最强分地又最險永樂中最親附宣德時嘗入漁陽塞　上率諸將出喜峰關敗諸虜于寬河誅其大酋自後稍馴順正統中又叛侵盜東北關諸寨索鹽米賞賜而已以故喜峰密雲間有都指揮或都督鎮守驗貢夷巳巳福餘大寧結也

先爲也先鄉道朶顔獨扼險不肯從也先至不能入塞不得利大掠福餘大寧人畜去始勑都御史鄒來學經畧已而設太監叅將又設總兵景泰四年守臣言兀良哈貢使往來不絶爲兎刺間諜詔自後使至伴二三人入京餘不得輒入關成化四年與北虜毛里孩通侵天城遣都督李鐸詰之十二年通乩加思蘭謀寇遼東勑邊臣備之然亦未敢大爲寇盜弘治中守臣楊友張瓊燒荒出塞掩殺邊釁遂起正德初部落旣蕃陽順陰逆累肆侵盜朶顔都督花當求添貢其子把兒孫深入擄掠

動稱結親迤北恐中國革蘭台者花當孫也兀良哈朶顏爲大部朶顏花當爲貴種花當長子革列孛羅早死其弟把兒孫驍勇十年把兒孫入馬蘭谷塞殺參將陳乾遣都督桂勇討之把兒孫遣扯禿等來言請入貢且獻馬贖殺乾罪又譌言射林孛羅斡兒路阿剌忽旦夕且糾諸部大舉入寇令小失台呼扯禿等去我亦幸無事奏虜退班師未幾入寇參將魏祥全軍覆沒時把兒孫狡劣屢謀奪適諸酋惡之不相附尋亦死花當種人皆附革蘭台革蘭台貢馬遲之未請嗣番官也邊臣言上

兵部令譯部落後許貢華蘭台遂入寇漁陽諸小
關堡皆殘破嘉靖十一年九月廵撫王大用欲通
朶顏與厚賂城其霧靈山不果是時酋阿堆哈利
赤數入建昌喜峰太平諸塞殺掠人畜華蘭台又
乞陞官兵部言大用喜事請以毛伯温代大用出
漁陽廵撫伯温至鎮虜益盜邊邊人不得耕牧二
十年華蘭台挾北虜求添貢貢衛三百人不許請
衛二百人又不許時時出沒塞下輙云結小王子
旦夕大舉入塞會俺答吉囊自大同深入大原不
得已許其補前貢失期者衛二百人二十一年内

三萬八十七本丁承

批胡守中侍郎兼憲職提督軍務撫勦守中儉險嗜利乾沒內帑金多又擅出塞盡伐遼金以來松木百萬自撤藩籬徧索富人舊將須金錢言官劾守中論死西市巡撫徐嵩阿事守中削籍已而有發嵩乾沒庫金者逮謫戍二十二年叛人自通事道虜數侵我塞巡撫許論伏兵斬自通事論進官副都御史請告去朱方代論以請撤防秋兵太早爲虜所掠逮至京杖死闕下職方郎中韓昜亦杖死方清勁昜端諒皆有才識死非其罪也二十五年虜大入塞明年北虜道兀良哈入寇遼東兀良

哈又結海西建州夷出入遼東西塞下

朝鮮

朝鮮周封箕子國也秦遼東外徼漢初爲燕衛滿所據武帝取爲眞番臨屯樂浪玄菟四郡漢末爲公孫氏所據魏滅公孫晉并於高麗高麗本扶餘別種王高璉居平壤即樂浪已而東徙鴨綠江東南千餘里後唐時王建代高氏并有新羅百濟又徙東松岳以平壤爲西京子孫遣使朝貢宋遼金歷四百餘年元至元中西京内屬置東寧總管府洪武二年王王顓表賀即位遣符寶郎偰斯賜金

印誥命大統曆金綺封爲高麗國王并賜王母妃
相國諸陪臣文幣五年王顓遣其禮部尚書吳季
南民部尚書子温表貢方物表言暹羅國恃其險
遠不奉朝貢蒙古人留居其國宜徙之蘭秀山逋
逃所聚亦恐爲寇患乞發兵討之賜璽書言暹羅
隷爾國蒙古亦人類蘭秀山逋寇示以朕詔一呼
可至勿用兵便十年以高麗貢使煩數遣故元樞
密使延安答里諭意顓遣門下贊成事姜仁裕表
謝貢方物　上令賀正旦使金湑及仁裕偕還賜
王藥餌又諭中書省曰曩因高麗貢獻煩數遣延

安答里徃諭朕意今一歲迭至困罷其民涉海險遠如渠徃使洪師範歸國覆溺幸有脫歸者言其故否且致疑古諸侯事天子比年一小聘三年一大聘若九州外遠番世一見而巳貢物亦無過侈高麗去中國稍近人知經史文物禮樂畧似中國非他邦比宜令三年一聘或比年一聘貢物產布十疋足矣丞相其以朕意諭王諸新附遠邦來朝亦明告以朕意中書因使者還咨諭之十六年遣使張伯崔泊來貢以違命却之令禮部諭王十七年諭遼東守臣絕高麗十八年國人立王禑爲王

禑貢布萬疋馬千匹謝是秋封禑爲高麗國王賜其故王顓謚恭愍十九年請易冠服不許二十二年國相李仁人刼囚禑而立其子昌爲王遣使姜伯淮朝貢是年仁人子成桂廢昌而立定昌國院君王瑤主國事二十四年瑤遣使朝貢又令其子奭朝明年正月詔位尚書下是年令高麗馬萬匹索閹人二百二十五年成桂因瑤及奭於其私第自主國事是年知密直司事趙胖等以其國都評議司奏至奏言恭愍王薨無嗣李仁人以他人子禑主國事昏暴好殺謀侵遼東大將李成桂力

阻乃巳禑自知負罪遜位於子昌國人弗順啓恭
愍王妃安氏擇立宗親定昌國院君王瑤權國事
及今四年昏迷信讒其子奭亦癡騃縱酒色與禑
黨玄禹實等謀復禑位守門下侍中鄭夢周曲附
王瑤謀害成桂及趙俊鄭道傳南誾等今年七月
國中臣民以安妃之命退瑤於私第擇于宗親無
可立者衆推門下侍郎李成桂主國事　上曰朕
中國綱常所在列聖相傳守而不失高麗限山隔
海僻處東夷非我中國所治且事多隱曲不可據
信令禮部移文從其自爲聲教成桂更名旦徙居

漢城遣使請更國號詔更號朝鮮旦遣使請印誥上覽表怫曰不遜詰使者使者言表鄭集撰　上盡却方物索集旦懼送集至京安置雲南二十七年令遼東絶朝鮮二十九年請印誥不許三十一年府部請發兵討朝鮮不許旦老請子芳遠嗣旦卒謚康獻永樂元年賜金印誥命冕服九章圭玉珮玉列女傳春秋會通大學衍義通鑑綱目諸書十七年芳遠老請子裪嗣芳遠卒謚恭定宣德初賜裪五經四書性理大全通鑑綱目五年裪遣使獻海青鷹使還賜王磁器諭裪王國中多珍禽異

獸然朕所欲不在此後勿獻自後聖旦元旦皆使朝貢王請封慶弔謝使來無常期朝廷有大政頒詔其國及王請嗣封皆遣使正統間賜王遠遊冠絳紗袍翼善冠龍袞玉帶景泰元年禑卒命子珦嗣珦卒賜謚恭順命子弘暐嗣弘暐幼叔琭以讓位請七年封琭爲王琭後不知幾傳而娎立正德元年娎卒謚康靖子㦕立踰年而世子顒卒㦕病風遜其弟懌正德二年懌立十五年封子峼爲世子嘉靖二十三年懌卒二十四年峼立未踰年卒二十四年峼弟峘立三十六年封長子顒清爲世

子恒疏乞改　大明會典中所載成桂簒逆事從之其國東西南濱海北鄰女直西北至鴨綠江東西相距二千里南北四千里分八道統府州郡縣俗柔謹知文字喜讀書崇釋尚鬼惡殺戴折風巾服大袖衫男女相悅爲婚死三年始葬飲食用俎豆官吏閑威儀居皆茅茨衣多麻苧以田制俸以秔醞酒法無苛條刑不慘毒山川先都神嵩北岳海鴨綠江爲大産金銀鐵水晶鹽紬苧布白硾紙狼尾筆果下馬長尾雞貂豽海豹皮八梢魚昆布秔黍麻榛松人參茯苓

琉球

琉球在海東南自福建梅花所開洋順颷利船七日可至漢魏至唐宋不通中國隋嘗遣兵虜其男女五千人元遣使招諭竟不從洪武初國分中山山南山北稱三王遣使朝貢十五年賜中山王察度山南王承察鍍金銀印金幣使還言三王爭雄相攻賜詔諭之并諭山北王怕死芝十六年賜山北王印文綺王妃姪相寨官各有差二十五年中山遣子姪及其陪臣子弟入國學　上喜禮遇獨優賜閩人三十六姓善操舟者令往來朝貢永樂

二年察度卒詔封其世子武寧嗣王是年山南王承察度卒無子令其從弟汪應祖攝國事應祖使來請命如山北王故事諭蹇尚書遣使賜應祖冠服嗣山南王九年中山王思紹令坤宜堪彌貢馬及方物以其長史程復來見表言長史王茂輔導有年乞陞國相兼長史事又言復本中國饒州人輔臣祖察度四十餘年不解于職今年八十有一乞令致仕還其鄉　上從之陞復琉球國相兼左長史致仕還饒茂國相兼右長史景泰元年中山王尚思達遣人朝貢三王嗣封皆請於朝已而山

南山北爲中山所并中山遣使朝貢令三年一貢貢無過百五十人察度後五傳至尚圓嗣王卒子尚眞嗣嘉靖十一年尚眞卒子尚清請嗣遣左給事中陳侃行人高澄以太牢祀眞封清嗣王賜王妃冠服錦幣使臣疏言弘治正德時修譔羅倫等嘗使安南安南乞留詔勑爲鎭國之寶倫爲請得留即琉球請留如安南海外遠不得即請乞下禮官議議請如安南使至國授封王拜曰天朝詔勑藏金匱者八葉于兹矣請留使許之比還遣其王親寧古長史蔡瀚上表謝使上使琉球錄言大明

一統志中載琉球有落漈王居壁下聚髑髏非實事杜氏通典集事淵海瀛蟲錄星槎勝覽所述亦皆傳者妄也乞下史館從之其俗以盈虛爲晦朔以草木爲冬夏人皆去髭黥手羽冠毛衣無禮節好剽掠旣遣人學於國學夷習稍變奉正朔設官職被服冠裳陳奏章表著作篇什有華風焉今其國中王下有王親不與政次法司官次察度官司刑名次那霸港官司錢穀次耳目官司訪問皆土官爲武職以上世及所轄地爲姓名其大夫長史通事官司朝貢有定員爲文職皆三十六姓人及

學於國學者爲之王并日視朝旦中昃凡三朝羣臣搓手膜拜尊且親者入殿坐飲酒卑踈者移時長跪階下歲元旦聖節長至君臣冠服拜龍亭祝慶子爲親喪數月不肉食人死以中元前後日浴尸溪水去腐肉取骨纏以布帛裹葦草埋土中王及諸臣家匣骨藏山穴竅木爲小牖歲時祭掃啓視之地無貨殖不通商賈朝貢乘大航海上漁鹽泛小艇無竹筏信鬼畏神神以婦人爲尸號女巫女巫之魁稱女君白日呼嘯聚輙數百人携枝戴草騎步縱橫時入王宮褻遊狎戲一唱百和音聲

悽慘倏忽往來莫可踪跡馮附淫昏矯誣禍福王及世子陪臣皆頓首拜跪王居山巔國門名歡會府門漏刻殿門奉神朴素無金碧之飾賦法略如井田王臣民各分土爲祿食上下無征斂有事一取諸民事已即已用刑甚嚴盜竊即刖劓家富貴者瓦屋不過二三楹餘皆茅土風雨飄搖以螺殼爨爨無釜甑耕無鐵婦人嚼米爲酒男子煮海爲鹽市用日本錢十當一如宋季鵞眼綖貫人無貴賤皆驍健耐勞苦饑寒不知醫藥而無疾疫兵甲堅利射可至二百步進止有金鼓鄰國視爲勍敵

然好爭狠鬬輒刃殺人度不能脫即剖腹自斃其山川黿鼊嶼彭湖島爲大或曰國西古米山有礁甚險舟至輒敗即落漈也產馬海巴牛皮磨刀石硫黃銅錫扇山無猛獸以故多野馬牛豕鬬鏤木蘇木胡椒諸香非其產也又有小琉球近泉州閩人言霽日登鼓山可望而見入國朝未嘗朝貢或曰并入琉球琉球旁有毗舍那者島中小夷鳥語鬼形袒裸盱睢殆非人類不通中國

女直

女直古肅愼氏在混同江東東瀕海西接兀良哈

南鄰朝鮮北至奴兒干其地有長白山横亘千里高二百里嶺上有潭周八十里南流爲鴨綠江北爲混同混同江在開原城北千五百里又有松花江在開原城東北千里黑龍江在開原城北二千五百里與混同皆南入松花元設諸府路領混同江南北水達達及女直人　明興遣人招諭永樂九年春遣將將水軍駕巨艦至江上召集諸酋豪餌以官賞於是東旺佟答剌哈王肇州瑣勝哥四酋率衆降始設奴兒干都司以四酋爲都指揮賜勑印又置衛所三百八十二官諸小酋爲指揮千

百戶鎮撫又有地面五十八站七寨一皆令三歲
朝貢官賞爵縻之又置馬市開原城通交易稍給
鹽米布贍諸酋豪使保塞不爲邊寇盜各路有水
陸城站自湯站東抵開原曰建州毛鄰海西野人
兀者皆有室廬建州最强開原北近松花江者曰
山夷又北抵黑龍江曰江夷亦有室廬江夷爲强
建州毛鄰本渤海氏遺孽喜耕種善緝紡飲食衣
服頗有華風海西有山夷即熟女直完顏餘種亦
務耕稼婦女喜金珠倚山作寨亦名山寨夷江夷
居黑龍江即生女直數與熟女直讐殺百十戰不

休諸夷皆善射馳獵好盜建州夷尤善治生其左右二衛最無賴江夷以北有阿哈婁得悍猤自相雄長大抵東北諸夷建州處要害居中與諸夷勢聯絡相犄角五嶺喜昌石門險隘人騎不得成列虜人視為咽喉永樂間開原降虜楊木答兀者率數百騎奔建州已而建州酋李滿住欵塞求内附駐牧蘇子河日强盛靖難未久專事撫綏桀驁漸為邊患一歲間入冦者九十七殺虜吏民十萬餘正統末附也先入塞侵遼東西景泰中諸酋多死也先之亂盡失賜勑諸子孫不得請官以舍人入

貢賞宴大減以故怨忿思叛成化二年酋董山遂糾衆入寇三年武靖伯趙輔充總兵都督王瑛封忠爲副左都御史李秉督軍率漢番京邊官軍五萬討之山降送京師放歸廣寧輔秉曰山不可宥請誅山九月分左軍出渾河柴河越石門土木河至分水嶺右軍由鴉鶻關喜昌口過鳳凰城黒松林摩天嶺至潑猪江中軍自撫順經薄刀山黏魚嶺過五嶺度蘇子河至虎城期日會兵進勦朝鮮亦遣中樞府知事康純魚有沼南怡率兵萬人遏其東走我兵擣賊巢虜遁擒斬俘獲虜指揮若女

等千人班師指揮張額的里率妻子乞降朝廷憐而釋之明年留韓斌爲副總兵防守築撫順清河靉陽諸堡未幾諸夷憤欲報山讐相約入寇十四年入塞殺掠人畜無算巡撫陳鉞掩降虜爲功又附太監汪直開邊隙出塞撲殺諸夷諸夷益恨我大入塞殺掠吏民遣兵部侍郎馬文升反直撫勦直倖用事幸功陰爲鉞地要文升偕行文升弗聽疾馳至鎮撫定黑鎖忒諸酋比直至虜已解散直大怒文升還奏文升妄啓邊釁謂女直建州諸虜皆以文升曩在鎮禁不與易農器故屢寇塞上遣

直及刑部尚書林聰即訊遼東報上盡如直言下
文升詔獄文升言實禁鐵器非農器不聽竟謫戍
重慶已而直敗貶内使南京鉞亦敗下詔獄文升
得雪復官致仕正德八年海西加哈义叛嘉靖二
十四年廵撫於敖減賞物夷人大譁不能擒顧詐
殺諸譁酋夷人大恨數入塞殺掠大憸胡宗明代
敖不能禦降浙江叅議二十七年大虜逼兀良哈
諸女直入遼東代宗明廵撫李珏又論罷遼東西
大困產楛矢石砮赤玉眞珠金麻布鹽馬黃狖虎
羆狐狸海上有海豹驢騾猪羊狗野有野猪牛驢

貂鼠青鼠失剌孫好剌殊角殊角卽海象牙魴鬚鯨睛海東青鷹鷂鴉鶻兎鶻鱘鰉牛魚粟麥穄

三佛齊

三佛齊卽舊港又名浡淋在東南海中本南蠻別種初隸爪哇有地十五州東距爪哇西距滿剌加南距大山西北濵海番舶輻輳多廣東漳泉人土沃宜稼穡人好賭博習水戰服藥刃不能傷遇敵敢死鄰國畏之水多土少將領得居陸民率架筏水中架梁柱語言如爪哇市用錢布字用梵書其屬有單馬令凌牙斯蓬豐荅牙儂細蘭諸國洪武

初王恒麻沙那阿稱臣入貢四年遣玉的力馬罕亦里麻思奉金字表朝貢賜大統曆文幣六年使來貢八年使從我招諭拂菻十年恒麻沙那阿卒賜王子麻那者巫里三佛齊國王印印駝鈕銀質鍍金是時廣東有陳祖義者脫罪避居其國久之得爲將領暴橫掠過客永樂中太監鄭和統海船下西洋至三佛齊有施進者祖義鄉人也訴于和和擒殺祖義承制官進仍留舊港爲將領進沒女嗣官產鶴頂火雞神鹿金銀水晶珠瑠璃珊瑚犀角象牙龍腦諸香猫睛石薔薇水阿魏沒藥血結

鶴頂鳥大於鴨腦骨厚寸餘外黄內赤鮮麗可愛火雞大於鶴頸足亦似鶴軟紅冠鋭觜毛如青羊色爪甚利傷人腹致死食炭神鹿大如巨豕高可三尺短毛豕喙蹄三跲

占城

占城古越裳秦林邑漢象林漢末區連殺縣令自稱林邑王遂不入版圖唐元和初改號占城宋淳熙中襲破眞臘慶元中眞臘復讐俘殺幾盡更立眞臘人爲主洪武二年遣吳用顏宗魯楊載等使占城爪哇日本等國賜王璽書是年遣使蒲旦麻

都朝貢言安南侵境上遣使招諭安南罷兵是年
國主阿答阿者遣虎都蠻來朝貢虎象遣中書省
管勾廿桓會同館副使路貢賢封阿答阿者爲占
城國王賜大統曆金綺四年阿答阿者遣答班瓜
卜農奉金葉表朝貢言安南數侵境乞賜兵器樂
人俾安南知我乃聲教所被輸貢之地不敢輙欺
負　上憐之命中書省咨王言交隣有道事上以
誠占城安南旣皆臣事朝廷豈可擅兵相毒卽咨
安南令其罷兵兵器不爾吝但以安南故賜爾是
助爾構兵也樂器有聲律華夷方言本異中國人

不可遣遣爾國人能習華音者來習肄十六年遣子來賀聖節賜勘合文冊二十四年使至以臣弑君故絶之永樂四年王占巴鎖里人勑王的賴得黎賊父子及其黨惡即械送京尚書陳洽在南交軍中馳奏占城國王占巴的賴奉命出兵討安南陰懷二心愆期不進及進至化州輒肆虜掠又以金帛戰象資季擴季擴亦以黎蒼女遣之復約季擴舅陳翁挺等三萬餘人復侵升華府隷四州十一縣地驅掠人民罪下季擴一等耳請發兵討之

上以交趾初平不欲窮兵遠夷遣使諭王歸我侵

地永樂後遣人朝貢令三年一貢正統六年國人
請封其嗣王遣使冊封成化中遣使冊封正使卒
海上副使諭罪戍邊其國在大海南南距眞臘西
距交趾東北際海自閩長樂五虎門西南行順風
可十日至東北百里海口立石塔爲標舟至是繫
焉俗獷悍果于戰鬭尚釋教王冠三山金花玲瓏
冠衣白跣足乘象或黃犢車臣茭葉冠男蓬頭女
後椎結所居茅茨不得踰三尺衣紫衣衣玄黃罪
死出入乘象馬粒食亦鮮食殺牛祭鬼驅象逐邪
市用金銀焚衣祭天釀酒甕中俟熟賓主繞甕坐

筒而㡘且㡘且注水味盡而止文書用羊皮及黑木皮無閏月晝夜各分五十刻王當賀日沐人膽汁將領獻人膽爲賀王在位三十年即入山茹素受戒令子姪攝國居一歲籲天矢曰我不道當乞虎狼食或病死朞年得無恙復入爲王於是國人呼爲芳嚟馬哈剌札云有號屍致魚者婦人也目無瞳夜飛頭入人家食小兒穢氣侵兒腹兒即死頭返合體如故失其體不得合即死夫不聞者罪之産金銀錫鐵獅象犀牛瑇瑁諸香朝霞大火珠菩薩石薔薇水猛火油檳榔諸文異木胡椒白藤

吉貝絲絞白氎布孔雀山雞伽南香惟此地有之價亦高觀音竹如藤長丈八尺許色黑如鐵寸二三節犀角象牙最多犀如水牛大者八百斤體黑無毛蹄有三跲獨角在鼻端長者可尺五寸馬小於驢波羅蜜形如東瓜

日本

日本古倭奴國海中諸夷倭奴最大西南至海東北大山國主世以王爲姓羣臣亦世官地分五畿七道三島又有附庸國百餘拘邪韓最大其國小者百里大不過五百里戸少者千多止一二萬皆

倭種也漢滅朝鮮通使稱王者三十餘國倭王最雄長者居邪馬臺即耶摩維歷漢魏晉宋隋皆朝貢稍習華音唐咸亨初惡倭名更號日本國朝洪武二年倭寇山東並海郡縣又寇淮安三年寇山東轉掠浙東福建旁海諸郡是年遣萊州府同知趙秩賜璽書諭其王良懷言倭寇海上書至日如臣我奉表來庭不臣則修兵自固秩至諭王中國聖主威德責其入貢王曰吾國未嘗不慕中國顧蒙古戎狄蒞華以小國視我乃使趙良弼訹我好語初不知其覘我國也既而發舟數千襲我比至

一時風霆漂覆幾無遺類自是不與通者數十年爾得非良弼後乎將刃之秩徐曰聖天子生華帝華非蒙古比我亦非良弼後爾殺我禍不旋踵王氣沮禮秩具物遣僧隨秩奉表稱臣入貢使未至又掠温州五年　上諭劉基曰東夷尚禪教姑遣明州天寧僧祖闡南京瓦官僧無逸開諭之良懷欲留二僧力辭王遣使同二僧入貢是年寇海鹽澉浦温州初令浙江福建造海舟防倭而倭又寇福建海上諸郡六年以於顯爲總兵官出海巡倭倭寇登萊七年寇膠州是年遣僧來貢無表文却

之其臣亦遣僧貢馬茶布刀扇　上曰此私交也
亦不受令中書省移文責王九年遣僧歸廷用等
奉表貢馬及方物謝罪賜王及使文綺有差已而
上覽表曰良懷不誠詔責之十二年來貢無表文
安置使人於陝西番寺十三年遣使詔諭良懷遣
僧如瑶貢馬令禮部移書責王數掠我海上復却
之諸僧皆安置川陝番寺十四年遣僧入貢乞還
安置諸僧使　上曰日本既謝罪還其使召至京
宴賞遣歸十五年歸廷用又來貢於是有林賢之
獄曰故丞相胡惟庸通日本蓋　祖訓所謂日本

雖朝實詐暗通奸臣胡惟庸謀爲不軌故絶之也是時惟庸死且三年矣十六年寇金鄉平陽十七年如瑤又來貢坐通惟庸發雲南守禦是年信國公和致仕居鳳陽　上召至京諭曰日本小夷屢擾東海上卿雖老强爲朕行視要地築城防此賊信國公築登萊至浙沿海五十九城民丁四調一爲戍兵六二十年置浙東西防倭衛所是年遣江夏侯周德興築福建海上十六城設衛所遂捺福建漳泉人爲兵戍並海衛所二十六年寇金鄉二十七年二月遣都督僉事劉德商暠巡視兩浙防倭

三月又勑都督楊文尋又勑魏國公徐輝祖安陸
侯吴傑練浙江海上兵防倭二十八年寇金州靖
難後太監鄭和等率舟師三萬下西洋日本遣人
來貢并擒獻犯邊賊二十餘人即付使人治之縛
置甑中烝死永樂二年使還遣通政趙居任賜王
冠服文綺金銀古器書畫又給勘合百道令十年
一貢毋貢正副使等毋過二百人若貢非期人船
踰數夾帶刃鎗並以寇論居任還不受王餽上
喜厚賜之尋命僉都御史俞士吉賜王印誥冊封
爲日本國王詔名其國之鎮山曰壽安鎮國山

上為文勅石久之嗣王道義卒子源道義嗣益奸狡時時令各島人掠我海上九年寇盤石十五年寇松門金鄉平陽是年遣禮部員外郎呂淵諭王還所掠海上人十六年遣使謝罪當是時數入金蓋都督劉榮總兵守遼東繕海上堠堡伏兵伺之十七年倭船入王家山島傳烽沓至榮率精兵疾馳入望海堝賊數千人分乘二十舟直抵馬雄島進圍望海堝榮發伏出戰遣奇兵布伏諸山下斷其歸路賊奔入櫻桃園榮合兵圍而攻之斬首七百四十二捕生八百五十七召榮至京封廣寧伯

自是不敢窺遼東二十年寇象山初方國珍據溫台處張士誠據寧紹杭嘉蘇松通泰諸郡皆在海上方張既降滅諸賊强豪者悉航海糾島倭入寇以故洪武中倭數掠海上　高皇既遣使命將築城增戍又命南雄侯趙庸招蜑户島人漁丁賈豎蓋自淮浙至閩廣幾萬人盡籍爲兵分十千户所於是海上惡少皆得衣食於縣官洪武末年海中方張諸逋賊壯者老老者死以故旁海郡縣稍得休息永樂初西洋之役雖伸威海表而華人習知海夷金寶之饒夷人來貢亦知我海道奸闌出入

華夷相糾以故寇盜復起非廣寧之捷禍未已也
宣德元年遣人來貢人船刀劍不奉我約束　上
諭使臣自後貢毋過三舟使人毋過三百刀劍毋
過三千否不受七年遣人來貢如約束受之八年
源道義卒命太監雷春少卿潘賜等弔祭十年嗣
王遣使貢謝倭自得我勘合方物戎器滿載而來
遇官兵矯云入貢貢即不如期守臣幸無事輒請
俯順夷情主客者爲畫可條奏即復許貢云不爲
例嗣後再至亦復如之我無備即肆出殺掠滿載
而歸宣德末年海防益備賊不得閒貢稍如約遂

許夷至京師宴賞市易飽恣其欲已而備禦漸疎正統四年寇大嵩入桃渚官庾民舍焚劫一空驅掠少壯發掘冢墓束嬰孩竿柱上沃之沸湯視其啼號拍手笑樂捕得孕婦忖度男女刳視中否爲勝負飲酒荒淫穢惡至有不可言者積骸如陵流血成川城野蕭條過者隕涕於是朝廷下詔備倭命重師守要地增城堡謹斥堠修戰艦合兵分番屯駐海上寇盜稍息七年來貢十一年寇海寧乍浦成化初忽至寧波知我有備矯稱進貢守臣爲請於朝且欲遣之至京楊文懿公守陳貽書張主

客力言其不可許二十年遣周瑋等來貢弘治八年壽蓂來貢正德六年宋素卿源永壽來貢求祀孔子儀注不許鄞人朱澄告言素卿本澄從子叛附夷人守臣以聞主客以素卿正使釋之令諭王效順無侵邊八年僧桂梧等來貢嘉靖元年王源義植無道國人不服諸道爭貢大內藝興遣僧宗設細川高遣僧瑞佐及素卿先後至寧波故事凡番貢至者閱貨宴席並以先後為序時瑞佐後至素卿奸狡通市舶太監饋寶賄萬計太監令先閱瑞佐貨宴又令坐宗設上宗設席間與瑞佐忿爭

相讐殺太監又以素卿故陰助佐授之兵器殺總督備倭都指揮劉錦大掠寧波旁海鄉鎮素卿坐叛論死宗設瑞佐皆釋還給事中夏言上言禍起於市舶禮部遂請罷市舶而不知所當罷者市舶太監非市舶也夷中百貨皆中國不可缺者夷必欲售中國必欲得之以故　祖訓雖絶日本而三市舶司不廢市舶初設在太倉黃渡尋以近京師改設於福建浙江廣東七年罷未幾復設蓋東夷有馬市西夷有茶市江南海夷有市舶所以通華夷之情遷有無之貨收徵稅之利減戍守之費又

以禁海賈抑奸商使利權在上罷市舶而利孔在下奸豪外交內詗海上無寧日矣番貨至輒賒奸商久之奸商欺負多者萬金少不下千金轉展不肯償乃投貴官家久之貴官家又欺負不肯償貪戾甚於奸商番人泊近島遣人坐索久之竟不肯償番人乏食出沒海上為盜貴官家欲其亟去輒以危言憾官府云番人據近島殺掠人奈何不出一兵備倭當如是及官府出兵輒齎糧漏師好語啗番人利他日貨至且復賒我如是者久之番人大恨諸貴官家言我貨本倭王物爾價不我償我

何以復倭王不掠爾金寶殺爾倭王必殺我盤據海洋不肯去近年寵賂公行上下相蒙官邪政亂小民迫於貪酷苦於徭賦困於飢寒相率入海從之凶徒逸囚罷吏黠僧及衣冠失職書生不得志羣不逞者皆爲之奸細爲之鄉道人情忿恨不可堪忍弱者圖飽煖旦夕强者奮臂欲洩其怒於是王忤瘋徐必欺毛醢瘋之徒皆我華人金冠龍袍稱王海島攻城略邑刼庫縱囚遇文武官發憤斫殺即伏地叩頭乞餘生不聽而其妻子宗族田廬金穀公然富厚莫敢誰何浙東大壞二十五年以

朱紈爲浙江巡撫都御史兼領興福漳泉治兵捕賊紈清諒方勁任怨任勞嚴戢閩浙諸貴官家嘗言去外夷之盜易去中國之盜難去中國之盜易去中國衣冠之盜難上章鐫暴貴官通番二三渠魁於是聲勢相倚者大譁切齒詆誣惑亂視聽改紈爲巡視未幾言官論劾又遣言官即訊共心煆煉必欲殺紈紈憤悶卒紈所任福建有功海道副使柯喬都指揮盧鏜殺賊有功皆論死繫按察司獄於是華夷羣盗唾手肆起益無忌憚三十一年殘黃岩掠定海浙東騷動遣都御史王忬巡視兩

浙兼領漳泉興福四郡以都指揮俞大猷湯克寬
爲浙閩叅將勦賊顧兵政久弛將士耗鈍水寨戰
艦所在廢壞會經畧未幾羣賊總至柵寨列港外
約諸島内招亡命勢益猖獗三十二年大猷冐險
出洋焚蕩巢穴首賊逸去羣偷流散乘風奔突倏
忽千里温台寧紹杭嘉蘇松揚淮十郡並受其害
克寬統領步兵往來海壖護城捕賊斬獲亦多會
不肯隱敗冐功擒治奸豪儆解支黨大猷克寬兩
叅將皆知勇可任徒以江南人素柔軟賊未登岸
望風奔潰文武大吏未能以軍法繩下而有司往

往以軍法脅持富人巧索橫斂指一科百師行城守餉犒百物類多乾沒十不給一廉謹之士又謂南人善謗低頭束手不敢動一錢於是公私坐困戰守無策始釋柯喬起盧鏜而賊船聯翩滿海破昌國臨山霩衢乍浦青村南滙吳淞江諸衛所圍海鹽太倉嘉定入上海掠華亭海寧平湖餘姚定海諸州縣焚刼殺戮汚辱慘於正統時矣而通番奸豪又言忬大猷搗巢非計且搖動忬忬薦鏜起爲閩叅將代克寬克寬以副總兵將屯金山閩人故忌鏜劾鏜凶險不可用南京言官又復薦鏜三

十三年遂犯江北海門如皋通州皆被殺掠是時復用盧鏜爲叅將而以俞大猷爲浙直總兵未幾工部侍郎趙文華以海賊猖獗請禱海神遂遣文華行禱公私勞費不貲皆歸囊槖比忬改大同巡撫徐州兵備李天寵代忬南兵尚書張經提督浙閩江南北軍務有王江涇之捷文華素忌經天寵遂奏經天寵逮詔獄論死西市而以浙江巡按胡宗憲代天寵南戶部侍郎楊宜代經自後賊益熾縱橫出入二十六郡文華還朝未幾又出監督諸軍搜括官庫富豪金寶書畫數百萬計交遍蒙蔽

以敗爲功以功爲罪雖有沈庄梁庄之戰竟莫救荼毒之慘兩浙江淮閩廣所在徵兵集餉提編均徭加泒稅糧截留漕粟扣除京帑請給鹺課追脇富民釋脫凶惡濫授官職浪費無經其爲軍旅之用纔十之一征發漢土官兵川湖貴廣山東西河南北靡不受害臨賊驅之不前賊退遣之不去散爲盜賊行者居者咸受其害於是外寇未寧而內憂益甚矣宗憲計擒賊首王直浙西江東稍得安靖浙東溫台江北淮揚閩中嶺表尤被其毒已而俞大猷被中傷盧鏜代之賴朝廷 聖明大猷得

三百八十七 李子承

不死江北巡撫李遂有廟灣之捷入南兵部爲侍郎唐順之代遂福建巡撫王詢數有功畏讒引疾去代者劉燾宗憲以擒直功陞右都御史加太子太保叙子錦衣千戶先是文華陞工部尚書以論吏部尚書李默即加太子太保又以征倭功加少保子廕錦衣千戶不數月文華削籍千戶謫戍榆林自壬子倭奴入黄岩迄今十年閩浙江南北廣東人皆從倭奴大抵賊中皆華人倭奴直十之一二久之奸頑者嗜利貧窘者避徭賦往往喜賊至而貪殘之吏又從而驅之封疆之臣輙請添官當

事者不敢阻於是添設都御史三人總兵一人副總兵二人叅將十三人兵備副使十一人諸將校近百人田賦倍於常科徵徭溢於甲式矣其俗男子魋頭斷髮黥面文身婦人被髮屈紒皆跣足間用屨其人喜盜輕生好殺天性然也物產金銀琥珀水晶硫黃水銀銅錢白珠青玉蘇木胡椒細絹花布螺蚌漆器扇犀象刀劍鎧甲馬交市華人喜得童男女錦綺絲綿磁針

真臘

真臘本扶南屬國一名占臘在東海中隋始通中

國唐神龍中并扶南而國分爲二其南近海多陂澤爲水眞臘北多山阜爲陸眞臘後復合爲一宋宣和初封爲眞臘國王慶元中破占城立其國人爲占城王占城遂爲屬國又有參半眞里登流眉蒲甘等國皆屬眞臘聚落頗衆地亦廣洪武六年國王忽兒那遣奈亦告郎表獻方物賜大統曆文綺二十年正黎列保昆耶其苦者遣使貢象及方物景泰二年貢賜王及妃文綺朝貢至今不絕其俗尚華後東向爲上右手爲潔縣鎮風習大類占城王三日一視朝婚娶燃燈不息覩力耕種產銅

金諸香象犀羽嘉樹異魚

暹羅

暹羅本暹與羅斛二國在南海中暹土瘠不宜耕稼羅斛土平衍種多獲暹仰給焉元至正間暹降羅斛洪武四年暹羅斛國王參烈昭毘牙遣奈思俚儕剌識悉替奉金葉表朝貢賜大統曆十年遣子昭祿羣膺奉金葉表貢象及方物遣使賜詔及暹羅國王之印十六年給勘合文冊令如期朝貢永樂元年稱暹羅國十五年瑣里人昭祿羣膺哆囉諦剌爲王遣奈必上表貢方物乞量衡式賜古

今列女傳金綺量衡令三年一朝貢宣德中稍減賜物著令其國方千餘里羣山環繞峭拔崎嶇地下濕土瘠惡氣候嵐熱不齊自占城西南舟行七晝夜至其國王宮壯麗民樓居其樓密聯檳榔片藤繫之甚固籍以藤蓆竹簟寢處于中王白布纏首腰束嵌絲帨加錦綺跨象或乘肩輿尚釋教國人效之好爲僧尼婦人多智夫聽於妻妻與中國人私不爲怪男陽嵌珠玉富貴者範金盛珠行有聲婚則羣僧迎婿至女家僧取女紅貼男額稱利市喪禮貴者灌水銀葬民閒鳥葬言語大類廣東

俗澆浮習水戰好鬬喜寇掠市用海貝煑海爲鹽釀秫爲酒產寶石奇香異木翠羽獅白象白鼠蘇木賤如薪色絕勝六足龜珊瑚

蘇門答剌

蘇門答剌即古蘇文達那西洋之要會也東南大山西北距海山連阿魯那孤兒黎伐三國自滿剌加西南行順風五晝夜至答魯蠻村舍舟陸行十里至其國無城郭有大溪入海海口大濤船至此往往沒溺洪武中國王遣人奉金葉表貢馬及方物永樂三年國王鎖丹罕難阿必鎮遣阿里來朝

貢封爲蘇荅剌國王賜印誥金幣五年使來貢已而王與花面王戰敗中矢死子弱不能復讐其妻發憤令于國曰能復此讐者我以爲夫與共國事有漁翁聞之率衆敗殺花面王王妻遂從漁翁永樂七年王來貢　上喜厚賜之十年遣使至其國故王假子率部衆殺漁翁王王子蘇幹剌率衆奔于峭山時時相侵欲復讐十一年太監鄭和擒送京伏法漁翁王子感激貢方物甚夥宣德中貢使數至用金葉表十年封其子嗣王皆有賜至今朝貢不絶風俗淳厚言語和媚室廬婚喪衣服物産

類滿剌加田磽穀少熟番舶往來財貨充牣人饒富市用金錫錢惟酋長好殺殺人輒取血浴身花面王者即那孤兒王也國小僅比大村秖千餘家人皆務面以故號花面風俗語言類蘇門答剌

爪哇

爪哇古闍婆國又名莆家龍元稱爪哇其國分東西二王所屬有蘇吉丹打板打綱底勿諸國洪武三年王昔里八達剌遣八的占必奉金葉表貢方物及黑奴三百人納元所授宣勑已而我使至三佛齊爪哇要而殺之十三年王八達那巴那務遣

阿烈夔烈時奉金葉表朝貢　上遣其使還詔諭
責王遂絶其使永樂二年其國東王遣使朝貢請
印與之五年西王都馬板與東王戰滅東王時我
舟過東王城西王殺我百七十人西王懼遣亞烈
加恩謝罪勅詰責西王令償死者黃金六萬兩已
而遣人貢萬兩禮官請索如數　上曰朕利金耶
令遠人知畏耳蠲其金賜鈔幣諭之十六年西王
楊惟西沙遣人獻白鸚鵡正統八年令三年一貢
其國四鄉初至杜板僅千家二酋主之流寓多廣
東漳泉人又東行半日至厮村中國人客此成聚

落遂名新村約千餘家村主廣東人番舶至此互市金寶充溢人富饒又南水行可半日至淡水港乘小艇行二十餘里至蘇魯馬益亦有千餘家半中國人港傍大洲林木蔚茂有長尾猴數萬又水行八十里至漳沽登岸西南陸行半日至王所居滿者伯夷僅二三百家總領七八人王宮磚墉墉高餘三丈方三十餘里屋高四丈地覆板蒙藤花蓆踋趺而坐民居茅茨磚庫坐臥于內王蓬頭頂金葉冠冑縈嵌絲帨腰束錦綺佩短刀跣足跨象或乘牛民男蓬頭女椎結上衣下帨男必腰刀刀

三百八十　具云

極精巧刑無鞭朴罪不問輕重藤繫刃殺之市用
中國古錢衡量倍于中國磁厨綺帛國人大抵三
種西番賈胡居久者服食皆雅潔中國流寓者尚
回回教持齋受戒曰唐人土人有名無姓尚氣好
鬬顏色黝黑猱頭赤脚信鬼坐臥無椅榻飲食無
匙箸啖蛇蟻虫蚓與犬同寢食不爲穢也婚男造
女家後五日迎婦金鼓刃盾前後甚都婦裸袚髮
跣足縈嵌絲帨戴被金珠絲飾寶粧喪有水葬火
葬犬葬惟死者所欲產金珠銀犀角象牙玳瑁青
鹽檳榔椒香蘇木桄榔木吉貝倒掛鳥綠鳩綠鳩

紅綠白鸚鵡白鹿白猿猴

皇明四夷考卷上

子履準校

孫心材重校

四夷考　卷上　四八　卅五夏

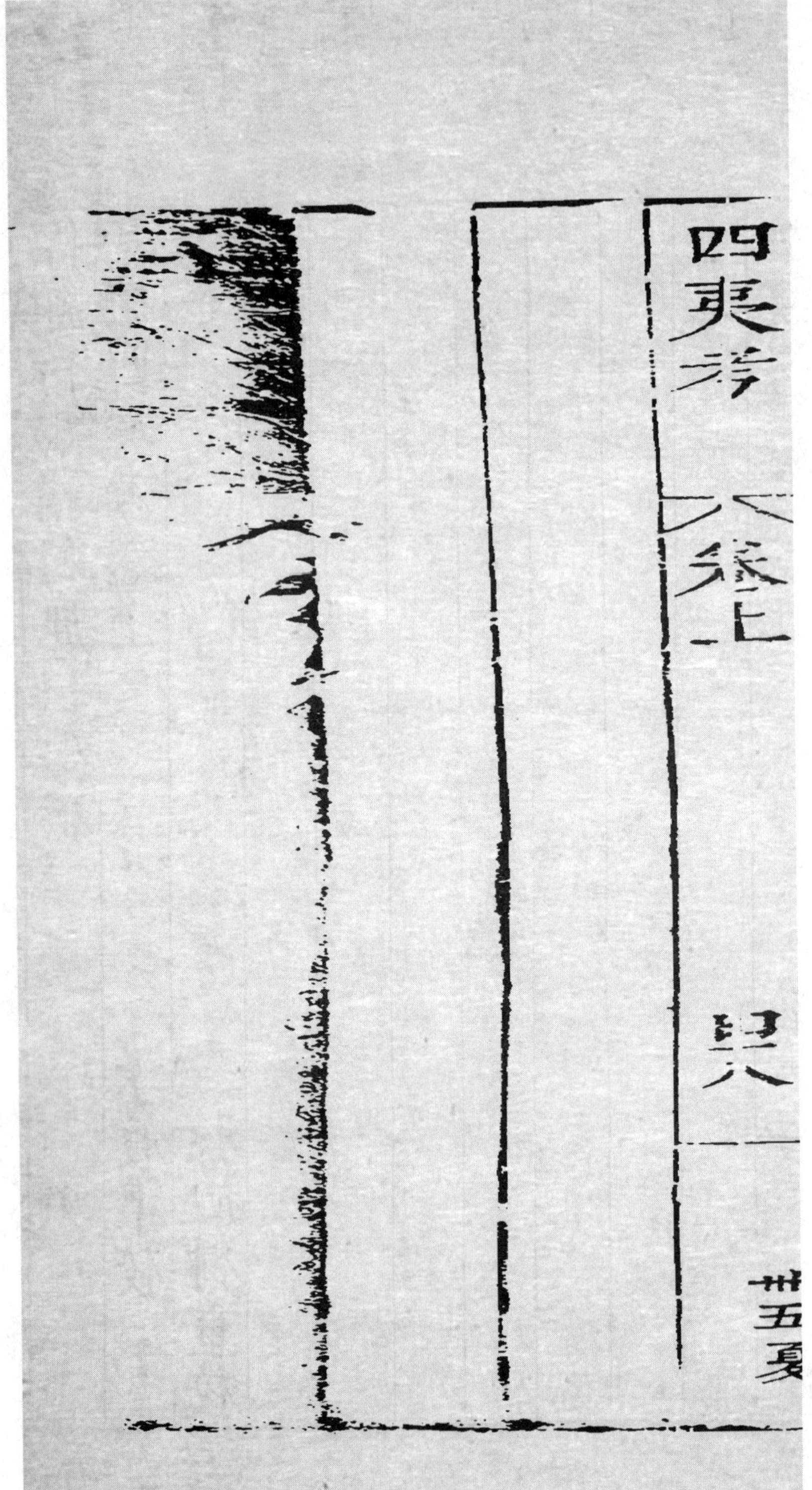
四夷考　卷七

皇明四夷考卷下　吾學編第六十八

海鹽鄭曉

古俚

古俚大國西洋諸番之會去中國十萬里西浙海南距柯枝自柯枝海行可三日至永樂元年王馬那必加剌滿遣馬戍朝貢馬五年遣太監鄭和賜王誥幣陞賞其將領有差王好浮屠敬象牛老不傳子傳外孫否則傳弟無外孫弟傳善行人族類分五種如柯枝王南毘人不食牛將領回回人不食豬大家晨起用牛糞塗地煅牛糞爲囊佩之每

旦水調林額及股國事皆決于二將領土宜麥多馬俗尚信義行者讓路道不拾遺海濵爲市通諸番用金銀錢以葫蘆爲樂器紅銅絲爲絃歌聲相協鏗鏘可聽刑無鞭笞輕斷手足重罰金誅戮沒產夷其族有西洋布曰捨黎本出鄰國坎夷巴匹濶四尺五寸色絲間花幌濶五尺產孔雀白鳩馬無餘烏諸香嘗貢金絲寶帶金絲細如髮結花綴八寶珍珠鴉鶻石

浡泥

浡泥本闍婆屬國在西南大海中統十四州洪武

四年王馬漠沙遣亦思麻逸進金表銀箋貢方物
賜金綺永樂三年遣使封其國主麻那惹加那乃
爲浡泥國王賜印符誥幣六年王率其妃及子來
朝遣使迎勞之福建至南京王上金表獻珍物妃
箋獻　中宮東宮　上宴王奉天門是年王卒于
會同館謚恭順葬石子岡樹碑立祠有司春秋祀
封其子遐旺嗣賜玉帶金銀綺幣器皿使送歸國
遐旺請封其國後山賜名長寧鎮國　上爲文刻
石十二年洪熙元年皆來朝貢俗以板爲城以銅
鑄甲煮海爲鹽釀秫爲酒喪葬有棺盛食無器室

宇弘敞原田豐利習尚奢侈愛敬華人王服頗效中國産片腦諸香象牙吉貝玳瑁鶴頂

滿剌加

滿剌加永樂三年王西利八兒速剌遣使奉金葉表朝貢言願內附爲屬郡效職貢七年太監鄭和充冊封使賜印誥錦綺封爲滿剌加國王九年嗣王拜里迷蘇剌率其妃及子五百四十人來朝上御奉天殿宴王賜玉帶羽儀鞍馬金銀錢鈔錦綺王妃冠服子姪傔從賞各有差十年遣使送還國十二年王母來朝貢厚賜之二十二年宣德九

年王復來朝貢賜亦厚正統十年後數遣使來朝貢天順三年王無答佛哪沙卒子舟茫速沙請封遣使冊立爲王成化末給事中林榮行人黃乾亨奉使溺海死廕子入監讀書其國舊名五嶼東南距海西北皆山地瘠鹵故未稱國隸暹羅歲輸金五千兩既奉我正朔始不隸暹羅王白帛纏首衣青花袍躡皮屨乘轎俗淳朴尚囘囘教民舍如暹羅婚喪大類爪哇聯榻趺坐刳木爲舟泛海而漁旁海人畏龜龍龜龍高四尺四足身負鱗甲露長牙遇人即嚙嚙即死山有黑虎視虎差小或變人

形白晝羣入市覺者擒殺之

榜葛剌

西天有五印度國榜葛剌者東印度也永樂六年王靄牙思丁遣人朝貢九年至太倉命行人往宴勞之十二年王蹇弗丁遣人奉金葉表獻麒麟國最大自蘇門答剌海行過翠藍島至淛地港更小舟行五百里至鎖納兒港登陸行三十五里至其國地廣人稠財物豐行甲於諸鄰國國有城郭王及諸官皆回回人男髠髪白布纏頭圓領長衣束綵帨躡皮履市用銀錢海貝五領山最高大氣候

常熱如夏賦十二刑笞杖徒流官有印章行移軍有糧陰陽醫卜百工技藝大類中國有衣黑白花衫縈帨佩珊瑚琥珀纓絡繫臂硝子鐲釧歌舞侑酒者曰根肖速魯柰柰盖優人也能作百戲以鐵索繫虎行市中入人家解索坐虎于庭裸而搏虎虎怒交撲仆虎數回乃已或手投入虎喉虎亦不傷戲已仍繫之家人爭以肉啖虎勞戲者錢曆有十二月無閏風俗朴厚人好耕殖一年二熟產鑌鐵翠羽瑠璃蛇馬桑漆樹絲綿尤多鎗剪最巧利布數種有澗四五尺者驀黑驀勒澗四尺背面皆

毿絨厚可五分即兜羅錦也白樹皮布膩滑光潤如鹿皮椰茇爲酒檳榔當茶

錫蘭山

錫蘭山在大海中海中有翠藍山最高大自山東南乘風可三日至赤卯塢塢人穴居男女皆裸若野獸不粒食食芭蕉子波羅蜜魚蝦又西海行可十日至佛堂山泊舟處濱海山麓有臥佛寺佛榻寶飾極華麗又西北陸行五十里至王居王尚釋重象牛煆牛糞灰塗體飲牛乳不食其肉殺牛者罪死王宮民居旦必調牛糞塗地而禮佛國富饒

地廣人稠亞於瓜哇民上裸下纏帨加壓腰去鬚毫留髮布纏之女椎髻于後下縈白布飲食不令人見產青紅黃鴉忽石水晶海洲有珠池日映光浮起閃閃射日間歲一淘珠諸番賈爭來市珠土宜稻不宜麥市用金錢重麝香綺絹青磁器銅錢樟腦永樂九年王亞烈若柰兒鎖里人絕我使途太監鄭和俘至京十年封耶巴乃那爲王赦亞烈若柰兒還國耶巴乃那故王族人也一名不剌葛麻巴思剌查國人以爲賢故封之遣使送歸詔諭其國正統十年遣使耶把剌謨的里啞來朝貢珠

寶石天順三年王葛力生夏剌昔利把交剌惹復遣使朝貢

蘇祿

蘇祿在東南海中人鮮粒食食魚蝦螺蛤短髮纏皁縵煑海爲鹽釀蔗爲酒織竹布爲業氣候常熱永樂十五年其國東王巴都葛叭答剌西王巴都葛叭蘇哩峒王叭都葛巴剌卜各率其妻子頭目來朝貢珍珠玳瑁諸物賜王冠服玉金帶蟒龍金銀錢鈔錦幣器皿王妃王子女姻戚頭目賜物各有差三王者東王爲尊西峒二王副之歸次德州

卒命有司營葬爲文樹碑墓道留其妃妾及傔從十人守墓令畢三年還國遣使封其長子都麻合爲蘇祿國東王十九年遣使來貢

柯枝

柯枝一名阿枝東連大山西南北皆海自葛蘭山海西北行一晝夜可至永樂二年王可亦里遣完者答兒朝貢請封其國大山詔封爲鎮國山賜碑文是時太監鄭和使至其國國王瑣里人也首纏黃白布上不衣下縈綵帨束綵壓腰綴椰木葉苫屋國人五種曰南昆與王同類祝髮線懸脛爲貴

族次囘囘人次富有財者曰哲地次牙儈曰華全
又次卑賤者曰木瓜木瓜濵海而居業漁樵屋簷
不得過三尺上衣不過膝途遇南昆哲地即伏候
過乃起王尚浮屠敬象牛建寺範金爲佛毎旦鳴
鐘鼓汲泉灌佛頂數囘巳乃禮之有曰濁肌者盖
優婆夷也娶妻不剃胎髮髮縷縷垂後牛糞灰塗
體行吹大螺妻隨之乞錢氣候常熱多雨市用金
銀錢銀錢十五當金錢一産珠象牙蘇木

祖法兒

祖法兒亦名左法兒東南皆海西北重山自古俚

西北海行十晝夜可至無城郭俗尚回回教體幹修頎語言朴實王白布纏頭衣青花絲帨或金錦袍靴屨乘轎跨馬前後列象駝馬鼓吹氣候常如秋市用金銅錢錢文人形永樂中王亞里遣人來朝貢宣德中又來朝貢產西馬駝鶴頂駝雞福鹿片腦沉香乳香乳香即樹脂諸奇藥以易中國紵絲磁器駝雞如鶴長三四尺脚二指毛如駝行亦如之駝單峰或雙峰皆可乘

溜山

溜山四面濵海如洲在西海中有石門如城闕土

瘠無城郭依山聚居八村稍大皆以溜名可通舟楫餘小溜無慮三千土人曰此弱水三千也人巢居穴處不識菽粟啖魚蝦無衣草木葉蔽前後舟行遇風失入溜即溺溜山傍有牒幹國皆回回人俗淳厚業漁好種椰樹氣候常熱如夏市用銀錢産龍涎香海𧴤椰皮結繩可貫板成舟塗瀝青堅如鐵釘鮫魚一名溜魚織絲帨甚精緻亦有織金帨永樂中國王亦速福遣使來朝貢

南泥里

南泥里隸浡泥自蘇門答剌舟行三晝夜可至東

距黎伐西北距海南連大山山南際海僅千餘家皆回回人俗朴實王居類樓高廣嚴整幽潔市用銅錢少穀食食魚蝦西北大海即西洋中有帽山平頂土人稱爲那沒黎番舶皆以此山爲指南山下淺水有珊瑚樹大者高二三尺分枝婆娑可愛依山居人二三十家皆稱王問其爲誰輒曰阿孤楂華言王也或曰南泥里即南巫里

黎伐

黎伐小國南連大山北際海西距南泥里東南連那孤兒居民一二千家推一人爲首領隸蘇門答

剌言語服用與蘇門答剌同山多野犀

哈密

哈密本古伊吾廬地在燉煌北大磧外西北羌胡往來要路也元封忽納失里爲威武王已而改封肅王卒弟安克帖木兒嗣國初置哈州五衛於張掖肅州衛於酒泉凉州衛于武威西寧衛于湟中又置山丹永昌鎮番莊浪四衛高臺鎮夷古浪三千戶所自陝西蘭州渡河千五百里至肅州肅州西七十里爲嘉峪關長陵初設關外七衛曰哈密曰安定曰阿端曰赤斤蒙古曰曲先曰罕東曰罕

東左七衛皆在嘉峪關西哈密又在六衛西東去肅州西去土魯番各千五百里北至瓦剌數百里永樂二年改封安克帖木兒為忠順王以頭目馬哈麻火只等為指揮等官分其衆居苦峪城三年忠順王卒無子兄子脫脫先是俘蠻夷邸朝議哈密為西域入貢孔道宜釋脫脫令嗣王乃賜金印誥命玉帶文綺遣使送還令察諸番向背凡諸番貢物表文譯上四年賜王及其祖母速哥失里母妃從母綺幣有差是年速哥失里逐脫脫勑諸酋復立脫脫為王六年脫脫暨祖母各遣使朝貢九

年脫脫卒勅都指揮哈納爲都督僉事守哈密是年封力帖木兒爲忠義王賜印誥玉帶守哈密卒從父子孛羅帖木兒嗣仍封忠順王賜誥印十二年行在驗封員外郎陳誠使西域還言哈密城在平川可三四里東北二門王稱速壇人僅數百戶頗非一種多蒙古回回人習俗各異產馬駝玉石鑌鐵犬尾羊陰牙角城北大山西南東皆平曠地多醎鹵宜穄麥豌豆農耕亦用糞壤人獷悍好利西域三十八國入貢經哈密者相攔出入索道路錢乃已洪熙元年貢硫黃　上詰邊臣哈密何以

有硫黄正統四年貢玉求紵絲與四表裏天順四年貢賜紙金箔薑桂茶礬成化元年令歲一貢貢不過三百人至京不過三十人貢物馬駝玉石鐵器諸獸皮三年以忠順王外孫爲都督賜銅印金幣八年都督赴京嗣官貢馬駝加賞時酋者林絨孛羅帖木兒無子王母努溫答力理國事九年土魯番速壇阿力欲以哈密掠赤斤諸夷王母不從虜王母金印去遺番離散王母外孫都督把他木兒子罕愼避居苦峪其奸狡者陰附阿力伺我塞下遣高陽伯李文通政劉文討阿力調罕東赤斤

番兵數千駐苦峪不敢進阿力遂輕中國文等謬言不見土魯番遂還王母金印竟爲阿力所留益侵我城郭諸夷十四年阿力死子阿黑麻稱速壇未壯二十年守臣乘間請封罕慎嗣忠順王入哈密罕慎貪殘國人怨恨西域諸夷貢使往來者苦罕慎要索亦怨恨二十三年罕慎言乜剌有克捨太師革捨太師克捨死其弟阿沙赤爲太師革捨弟阿力阿古多兀王與阿沙赤讐殺西走據哈密乜剌尋退去弘治元年阿黑麻强曰罕慎非脫脫族安得王哈密哈密我當王欲殺罕慎畏我不敢

癸好語罕慎曰吾爲若聯姻若爲王益安無外侮罕慎喜許阿黑麻阿黑麻至哈密誘罕慎頂經結盟遂殺罕慎亦未敢顯言據哈密卽遣使入貢言罕慎病死國亂乞遣大通事和番立我爲王居哈密領西域職貢兵部尚書馬文升言外夷北虜最强屢入貢乞遣使我不聽阿黑麻小夷且與哈密各有分地不可輙遣使亦不得王哈密彼入若貢我亦不拒請勑阿黑麻諭令還王母及金印還我哈密時王母已死四年遣哈密頭月寫亦虎仙齎勑諭阿黑麻以金印城池來歸遣使朝貢厚賞之

陞寫亦虎仙爲都督僉事文升言哈密有回回畏兀兒哈剌灰三種共居一城種類不貴不相下北山又有小列禿野乜克力數種强虜時擾哈密必得元遺孽嗣封理國事庶可懾服諸番興復哈密不然未得休息乃立安定王族孫陝巴爲忠順王安定王者本朧朧種落令頭目奄克孛剌阿木郎輔陝巴至哈密六年諸番索陝巴犒賜不得阿黑麻又恨阿木郎尅賜物掠其牛馬遂入哈密殺阿木郎虜陝巴及金印去內閣丘濬謂文升曰哈密事重須公一行文升曰方隅有事臣子豈可辭勞

但西域賈胡貫窺利不善騎射古未有西域能爲中國大患者徐當靜之濬曰有識言不可不慮文升請行諸大臣不可請勑兵部侍郎張海都督緱謙行視經略時阿黑麻貢使寫亦滿速兒等在京師令海至河西遣夷使二三人與邊通事致勑諭阿黑麻歸陝巴金印諸夷使爭欲去海不可乃遣哈密夷人以勑往阿黑麻竟留不報海不得已修嘉峪關捕哈密奸回通阿黑麻者二十餘人戍廣西請絕西域貢七年春海謙不俟命輒還逮下獄降海山西叅政謙奪俸閑住文升言土魯番恃其

强悍哈密奸回又反復欺負中國不懲創彼益輕中國請安置寫亦滿速兒等於閩廣閉嘉峪關絶西域貢令諸夷歸怨阿黒麻當是時西域諸夷皆言成化間我入貢　皇帝先遣中貴人迓我河南至京宴賜甚夥今不撫我我泛海萬里貢獅子謂我開海道却不受即從河西貢者宴賞亦薄天朝棄絶我我相率從阿黒麻且拒命中國能奈我何哈密奸回又附阿黒麻阿黒麻遂復入哈密自稱可汗大掠罕東諸夷諜言糾夷數萬用雲梯攻肅州且蹂甘州報至文升曰彼虚聲挾我也土魯番至

哈密十數程中經黑風川哈密至苦峪又數程皆
無水草貢使往返皆馱水行使我謹烽火明斥候
整兵以俟彼至肅州我以逸待勞縱兵出奇一擊
必使彼匹馬不返已而阿黑麻西去令頭目牙蘭
以二百餘人據哈密文升曰非用陳湯故事此虜
終不畏文升召肅州撫夷指揮楊翥至京撫其背
曰汝諳夷情知西域道路朝廷今欲擒斬牙蘭汝
計安出翥曰此賊黠非襲之不可罕東哈密有捷
徑可進兵兵可不十日至文升曰佘欲選罕東番
兵三千爲前鋒我兵三千殿後各持數日熟食兼

程襲之何如翕曰善八年令河西廵撫許進調兵食遣副總兵彭清統精兵三千由南山馳至罕東即調罕東諸番兵乘夜倍道襲牙蘭是冬進及總兵劉寧清率兵至肅州久駐關外候罕東兵不至乃出大路乏水草行不能疾牙蘭詗知遁去我兵入哈密斬首六十得陝巴妻女獲牛羊三千哈密脅從者八百餘人皆不殺携歸住四𠪨上評還糧乏之士馬亦多物故然西域自是知畏中國文升言兵雖抵哈密然未獲牙蘭首功亦少進寧及太監陸誾不遵節制徒取空城無益邊事獨軍士遠征

勞苦宜陞賞　上念邊臣出塞有功間歲祿二十石寧陞左都督加俸百石進左副都御史清都督僉事九年阿黑麻又襲破哈密令撒他兒及奄克孛剌住剌木城奄克孛剌密結瓦剌小列禿襲斬撒他兒奄克孛剌還守哈密阿黑麻遣人圍哈密哈密人舉火小列禿見之來援退走守臣奏乞令羈留貢使往諭阿黑麻納款文升曰阿黑麻未見遣使上欵書不許是秋進改陝西巡撫十年秋阿黑麻令人送陝巴還哈密其兄馬黑上書言西域諸國不得貢怨阿黑麻令悔過乞許與黑婁諸國

入貢及還遣寫亦滿速兒等文升言此虜挾詐候陝巴金印至甘州取寫亦滿速兒等於閩廣是冬起王越爲太子太保左都御史總制甘涼等處邊務經略土魯番哈密十一年越出河西取陝巴至甘州令哈密三種都督回回寫亦虎仙畏兀兒奄克孛剌哈剌灰拜迭力迷失佐陝巴奄克孛剌罕慎弟也恨土魯番亦與陝巴不協越以罕慎女也先主剌妻陝巴結好奄克孛剌未幾越卒是秋賜陝巴大帽蟒衣玉帶象笏復封爲忠順王放寫亦滿速兒等西歸時哈密三種人久苦土魯番不願還

文升請許半留肅州往來自便十二年春陜巴至肅州畏番虜不肯出關守臣遣叅將率兵護行又賞赤斤蒙古諸番令逐程防護至哈密是夏寫亦虎仙致賞賜於土魯番遂與土魯番諸夷使入京朝貢十三年阿黑麻及黑婁諸國皆令人朝貢十七年春陜巴嗜酒掊尅國人頭目者力克哈等迎阿黑麻次子眞帖木兒守哈密陜巴棄城走沙州眞帖木兒罕愼外孫也年十三不肯來哈密哈密人日陜巴走哈密城空恐爲野乜克力達子所據眞帖木兒始至剌木城其兄滿速兒乞守臣令人

來守哈密眞帖木兒自剌木城入哈密守臣令官舍董傑及奄克孛剌往哈密撫夷衆諭迎陝巴還頭目阿孛剌不聽必欲立眞帖木兒爲王奄克孛剌與傑等擒殺阿孛剌等六人餘黨畏服守臣令都指揮朱瑄率兵送陝巴入哈密撫送眞帖木兒還土魯番時阿黑麻死諸兒讐殺眞帖木兒懼不肯還曰奄克孛剌我外祖願依之瑄慮陝巴疑貳攜眞帖木兒居甘州正德元年陝巴死其子拜牙即嗣封幼弱守臣恐眞帖木兒還來侵哈密留不遣三年滿速兒稱速壇遣人朝貢乞還眞帖木兒

兵部尚書劉宇曰是謂質其所親愛不許四年滿速兒與拜牙即乞還眞帖木兒下守臣議五年眞帖木兒走出城追而獲之六年守臣請歸眞帖木兒下兵部會議請勅宴賜眞帖木兒及滿速兒拜牙即并其親目七年冬令哈密三都督奄克孛剌寫亦虎仙滿剌哈三送眞帖木兒西還八年春至哈密奄克孛剌不肯去寫亦虎仙滿剌哈三送至土魯番八月拜牙即淫暴欲與奄克孛剌叛中國往土魯番奄克孛剌不從自哈密奔肅州拜牙即棄城走入土魯番滿剌兒令頭目火者他只丁與

寫亦虎仙滿剌哈三入哈密取金印火者他只丁又令哈密都指揮火者馬黒木等至甘州索賞哈密諸酋譯書言拜牙即棄國從番乞即差人守哈密巡撫趙鑑謬謂滿速兒忠義令火者他只丁寫亦虎仙滿剌哈三守城勤勞差撫夷官送土魯番諸酋金幣二百明年正月撫夷官纔至哈密滿速兒率衆亦至分據剌木等城貞帖木兒又言河西大饑窘人死亡且半甘州城南黒河可引灌城於是滿速兒及火者他只丁牙木蘭虎力奶翁寫亦虎仙滿剌哈三日夜聚謀侵甘肅番文索金幣萬

萬還我哈密否即揷旗甘州門牙木蘭者本我曲先人與寫亦虎仙等專伺我虛實外挾强番內要厚賞自京師至甘肅徧置奸細巧爲交結肆行反間然亦專與哈密爲讐未敢窺嘉峪關也時總制都御史鄧璋請專勑大臣一人經略哈密大將督兵戰守特勑四川討賊都御史彭澤總督甘肅軍務統延寧固原諸鎭兵防遏土魯番夷勿使內侵遂勸西海卜亦剌勑寫亦虎仙等共守哈密勑責滿速兒遣回拜牙即十年春澤至甘州火者他只丁牙木蘭侵赤金斤王子莊澤以叚布銀器并勑

令通事與三都督送土魯番奄克孛剌時在甘州言我與番世讐不肯去土魯番得賞物以金印與寫亦虎仙以哈密付滿剌哈三澤召還掌院事巡按馮時雍又言土魯番未聞請罪尚數侵邊下兵部尚書王瓊議乞留澤河西不允是冬寫亦虎仙等入京朝賀當是時土魯番四出侵掠關外諸衛及苦峪諸城殘破河西藩籬又結瓦剌窺我河西十一年李昆代鑑巡撫請勑滿速兒送還拜牙即滿速兒不聽令火者他只丁牙木蘭復據哈密滿速兒至沙州脅土巴部落入嘉峪關令肅州奸回

斬巴思高彥名等内應攻我肅州遊擊芮寧叅將蔣存禮御之敗績兵備副使陳九疇發憤捶死諸奸回及通賊都督失拜烟答馮城拒戰退賊又急調屬夷兵刼其老營遣人結瓦剌擣巢穴破其三城土魯番大創又盡發寫亦虎仙數十年傾陷哈密奸罪坐謀叛論死時失拜烟答子米兒馬黒麻入貢在京巧賄權倖突入長安左門稱寃下錦衣衛會兵部三法司奏行河西訊報十三年逮昆九疇至瓊請廷鞫幾殺澤九疇昆降浙江副使澤九疇削籍是秋土魯番貢使至京兵部請繫獄輔臣

梁儲不可乃已十四年刑部會訊朊寫亦虎仙死
會　上幸會同館寫亦虎仙米兒馬黑麻因權倖
得見　上賜國姓隨　上南征嘉靖改元詔逮寫
亦虎仙復論斬死獄中瓊譎戍澤起爲兵部尚書
嘉靖元年昆爲兵部侍郎九疇僉都御史巡撫甘
肅明年失拜烟答子米兒馬黑木寫亦虎仙子米
兒馬黑麻皆論死三年滿速兒大舉入寇至甘州
九疇忠勇先登力戰旣解甘州圍又夜率衆間道
兼行抵肅州內外夾擊敗番兵殺火者他只丁虜
退去關中守臣奏河西危急遣兵部尚書金獻民

都督杭雄率師西討獻民至蘭州諸番已爲九疇所敗出嘉峪關獻民用九疇議請遷發夷使閉關絶貢四年牙木蘭復據哈密侵肅州牙木蘭又入沙州五年起故輔臣楊一清提督軍務一清言我既不能制其命又無以服其心徒絶彼之貢使不能阻彼之犯邊乞還九疇議遷烟瘴夷使解讐息兵未幾一清召入內閣尚書王憲代一清盡出平凉羈留夷使往諭土魯番令悔過服罪歸我哈密六年諸議禮臣桂萼方獻夫霍韜張璁先後上言哈密不靖本由彭澤澤得召用楊廷和曲庇澤也

乞急用王瓊以寧西鄙七年滿速兒令牙木蘭據沙州索羈留貢使否且率帖木哥土巴攻肅州牙木蘭不肯欲殺牙木蘭牙木蘭懼棄菽麥數萬率老稚萬人帳房二千奔肅州乞白城山金塔寺住牧守臣議留肅州是春起瓊兵部尚書兼右都御史代憲瓊至河西反澤所行事是秋天方撒馬兒罕哈密頭目各朝貢滿速兒亦乞通貢瓊為奏上乞還羈使朝貢夷未報土魯番酋虎力納咱兒糾瓦剌侵肅州遊擊將軍彭濬兵備副使趙載禦之退去時張桂必欲論九疇死并罪廷和刑部尚書

胡世寧力爭九疇忠勇再保全河西得不殺謫戍邊澤獻民閑住八年土魯番貢獅子夷人至乞歸哈密通貢瓊又奏言土魯番歸我哈密乞令失拜煙答子米兒馬黑木守哈密貢使二十四人遣入京放歸羈留各番貢使男婦凡千人安插沙州上巴帖木哥部夷五千四百人于白城山哈密都督乩吉孛剌部夷在肅州東關赤斤都督掌卜達兒子鎖南束在肅州北山金塔寺罕東都指揮枝丹在甘州南山下兵部議當是時世寧為兵部尚書欲專守河西謝哈密無煩憊中國韜上議必欲復

魏浩　三百八十三

哈密下兵部議世寧言昔　太祖建北平行都司去境四百里而　文皇畀之兀良哈　文皇郡縣交趾而　宣宗棄之安南哈密非大寧交趾比況其初封忠順王爲我外藩者乃元遺孽永樂二年封三年即故立其兄子未幾即絶而强立非其子孫者嗣之蓋嘗三立三爲土魯番所虜乃叛我郎戎反勞中國臣竊以爲此與國初所封元孽爲和寧王順寧王安定王者等耳安定王又在哈密之内近我甘肅今亦不知其存亡何獨以一忠順王敵耗我金幣疲我士馬窘我財力議禮諸臣不聽

竟從瓊言牙木蘭以世寧言本歸正人非叛虜者
唐悉怛謀事可鑒遂留不遣是時瓊言滿速兒歸
我哈密奉約束朝貢然哈密竟爲土魯番所據安
插諸衛夷落皆爲土魯番所逐失其故土住牧河
西塞上北虜盤窟西海瓦剌結巢北山河西三面
皆有寇盜矣明年滿速兒遣虎力奶翁及天方諸
夷使貢方物又索牙木蘭諜言諸番要約俟虎力
奶翁歸復侵肅州會虎力奶翁歸道病死瓦剌又
攻土魯番我亦有備稍得休息而來降人哈六剌
言番酋欲以哈密城與都督米兒馬黒木母管理

兵部因請許其通貢著令三年或五年爲期夷使雖多十二入京餘留塞上是後哈密竟爲土魯番所據河西守臣防禦羌胡不暇及西鄙事要之哈密守與否固不足爲中國利害也秦中老人曰土魯番哈密屢勤經略我義未直兵則何畏彼求方棘予則何恩況滌指貢獻不足以示信侵漁宴賜不足以示廉而一時士習又皆重聲譽而略綜核騰口說而賤實事不知中國之於夷狄固不可過撫以納侮亦不可深拒以窮兵惟順則撫故賞斯恩惟逆則拒故威斯畏況西域賈胡倚玉石以射

利藉黄廟以厚生苟馭之有備又何患焉

赤斤蒙古

赤斤蒙古周西戎戰國月氐秦漢屬匈奴武帝取爲酒泉燉煌二郡唐末没於吐番宋入西夏永樂二年故鞑韃丞相苦朮之子塔力尼率五百人來歸設赤斤蒙古千户所以塔力尼爲千户賜誥印尋陞爲衛塔力尼爲指揮僉事十一年遣頭目鎖南吉利剌獻叛虜老的罕陞指揮使厚賜之塔力尼卒子且旺失加嗣宣德後朝貢不絶内白山最大多草木禽獸産金駝馬肉蓯容白土魯番陷哈

寄種人遂散亂

安定阿端

安定韃靼別部也地廣袤千里無城郭其俗馬乳釀酒氊帳爲廬產馬駝玉石洪武七年撒里畏兀兒安定王卜煙帖木兒或曰亦板丹遣使貢鎧甲刀劍賜金綺令分其酋長爲阿端阿眞苦先帖里四部賜卜煙帖木兒銀印仍稱安定王八年設安定阿端二衛分統四部卜煙帖木兒卒遣使諭祭賜嗣王勑誥金綺王遣使貢謝宣德初與曲先叛討平之天順三年安定王遣使來貢自後朝貢不

絕成化中爲土魯番殘破遂服屬土魯番安定王苗裔無考

曲先

曲先古西戎部落永樂四年設曲先衛以土酋散西思爲指揮同知宣德元年叛討平之論功加國師禪師秩已而遣人入貢正統二年頭目黒麻乩遣指揮火丁貢方物嘉靖中衛人牙木蘭爲土魯番所刦牙木蘭驍勇土魯番時時令率衆侵哈密擾我甘肅已而與土魯番疑貳擁帳來歸土魯番請還我哈密易牙木蘭欲殺牙木蘭讐動我屬夷

兵部尚書胡世寧以爲不可遂止當是時大抵嘉峪關西諸衛皆爲土魯番侵擾不復能爲我藩蔽矣

罕東

罕東本西戎部落洪武二十五年侵塞涼國公討之土酋哈昝遁去三十年入貢立罕東罕東左二衛官其酋長鎖南吉剌思爲指揮僉事永樂二年鎖南吉剌思與其兄答力襲等十六人貢馬陞鎖南吉剌思爲指揮使以塔力襲爲指揮同知頭目奴奴指揮僉事賜冠帶鈔幣有差自是歲貢不絕

二罕東皆在沙州城沙州古燉煌地嘉峪關外諸衛二罕東最弱成化後土魯番迭入哈密二罕東不能支流散各城正德中陳九疇擊退土魯番沙州人稍得生聚復歸耕牧比牙木蘭再入沙州益殘破其酋土巴等叛附土魯番嘉靖中王瓊撫住白城山肅州月餉粟歲且萬石坐困邊儲

撒馬兒罕

撒馬兒罕漢罽賓也在哈烈東北三千里東去嘉峪關九千九百里東西相距千里地平山川鐵門峽阿术河最大風景偉麗土田膏腴宜五穀頗類

中原獨勝諸國城依平原濠深險北有子城王居高廣在城北隅王白帽城中逵巷縱横肆市稠密西南番賈多聚於此市易用銀錢禁酒俗尚回回教有拜天屋青石雕鏤極精巧以羊皮果經文文字泥金書人物秀美多藝能尤善作室國東有養夷沙鹿海牙塞藍達失干西有渴石迭里迷諸城皆隷焉洪武二十年國主帖木兒遣回回滿剌哈非思貢駝馬詔厚賜之二十二年貢馬二十四年貢海青賜勑賚予之二十七年帖木兒遣使迭力必失表貢馬二百匹表曰恭惟　大明大皇帝受

天明命統一四海仁德弘布恩養庶類萬國欣仰咸知上天欲平治天下特命皇帝出膺運數爲億兆之主光明廣大昭然天鏡無有遠近咸照臨之臣帖木兒僻在萬里之外恭聞聖德寬大超越萬古自古所無之福皇帝皆有之所未服之國皆服之遠方絶域昏暗之地皆清明之老者無不安樂少者無不長遂善者無不蒙恩惡者無不知懼今又施恩遠國凡商賈之入中國者使觀覽都邑城池富貴雄壯如出昏暗之中忽覩白日何幸如之又承敕書恩撫勞問使站相通道路無壅遠國之

人咸得其濟欽仰聖心如照世之杯使臣心中豁然光明臣國中部落聞玆德音惟知歡舞感戴臣無以報恩德惟仰天祝頌聖壽福祿如天地遠大永永無極照世杯者其國舊傳有杯光明洞徹照之可知世事故云二十八年遣兵科給事中傅安郭驥等使西域留撒馬兒罕永樂五年頭目哈里令虎歹達送安等還且貢方物厚賜之改安等禮科賜衣安等言帖木兒本元駙馬卒孫哈里嗣上遣人祭帖木兒賜哈里璽書銀幣已而兀魯伯貢馬復遣安報使或曰兀魯伯卽哈里洪熙元年

安始還國請勑命吏部言安歷年雖久未經考覈例不得授景陵曰安使遠夷留二十餘年良苦何例爲與勑正統十二年又貢馬玉石四年又貢成化十九年阿黑麻貢二獅子夷使請大臣出迎禮部尚書周洪謨以爲不可遣中官迎之獅日食生羊二醋酣蜜酪各二瓶官養獅人光祿日給酒飯二十三年廣東布政司陳選言撒馬兒罕使臣怕六灣貢獅子欲於廣南浮海從滿剌加更市獅子入貢不可貴異物開海道利賈胡貽笑安南諸夷弘治三年由南海貢獅子禮官倪岳言南海非西

三弓卅七夏云

域貢道請却之自後貢皆從嘉峪關入嘉靖中其國稱王者五十三人皆遣人朝貢產金銀玉銅鐵珊瑚琥珀琉璃罽苾思檀水晶鹽花藥布名馬獨峰駝大尾羊狻猊

天方

天方古筠冲地舊名天堂又名西城宣德中其王遣沙瓛來朝貢俗用回回曆風景融和四時皆如春田沃稻饒居民樂業男女辮髮馬乳拌飯產馬金琥珀玉石珊瑚犀角貢從嘉峪關入

迭里迷

迭里迷在撒馬兒罕西南去哈烈二千餘里新舊二城相去十餘里王居新城東距阿木河河廣非舟不可渡城内外居民僅數百家孳畜蕃息多魚河東地隷撒馬兒罕河西有蘆林多獅子

渴石

渴石在撒馬罕西南二百六十里城據大村周十餘里四面水田東南近山中有園林故酋帖木兒駙馬居也規模極宏壯堂四隅白石柱如玉墻壁牕牖盡飾金碧綴琉璃西行十數里皆委曲山多奇樹又西去三百里大山屹立中有石峽兩壁懸

崖宛如斧劈行二三里出硤口有門夷人曰此鐵門關也

養夷

養夷在賽藍撒馬兒罕亦力把力蒙古諸部落間數相侵擾以故人無寧居惟戍卒數百人處孤城中城四面皆亂山東北有大溪西流長數百里溪旁頹垣破廬蕭然草莽

達失干

達失干在賽藍西去撒馬兒罕七百里城據平原甚狹小四面平岡多林木溪流蜿蜒土宜五穀人

稠密質朴饒衣食

卜花兒

卜花兒在撒馬兒罕西七百里城居平川周十餘里民物富庶市里繁華戶口萬計地平衍宜五穀桑麻天氣温和冬不附火蔬菜不絶産絲綿布帛六畜大類中國

土魯番

土魯番一名土爾番在火州西百里古交河縣安樂城也城方一二里地平四面皆山氣候多煖少雨雪土宜麻麥有瓜果羊馬之利人皆屋居信佛

法多僧寺城西二十里有崖兒城城僅二里居民百餘家相傳故交河縣治又云古車師國永樂十二年行在驗封員外郎陳誠使至其國誠言城西北百里有靈山最大夷人言此十萬羅漢湼槃處也近山有高臺臺旁有僧寺寺下皆石泉林木從此入山行二十里至一峽峽南有小土屋屋南登山坡坡有石屋屋中小佛像五前有池池東有山山石青黑遠望紛如毛髮夷人言此十萬羅漢洗頭削髮處也循峽東南行六七里登高崖崖下小山纍纍峰巒秀麗羅列成行峰下白石成堆似玉

輕脆不可握堆中有若人骨狀者甚堅如石文縷
明析頳色光潤夷人言此十萬羅漢靈骨也又東
下石崖崖上石筍如人手足稍南至山坡坡石瑩
潔如玉夷人言此辟支佛涅槃處也周行羣山約
二十餘里悉五色砂石光焰灼人四面峻壑窮崖
天巧奇絶草木不生鳥獸鮮少云甘肅大抵無北
虜患專鎮防西夷夷種中土魯番最奸狡宣德五
年始遣使來貢正統以後亦嘗來貢成化弘治間
番酋阿力阿黑麻父子擾我西鄙虜我哈密忠順
王罕慎陜巴拜牙即是時專伺哈密至正德遂數

犯我井肅語在哈密傳中嘉靖十一年西域貢稱王者七十五人貢使至二百九十人禮官夏言請國稱一人王內閣張孚敬言西域稱王者多恐彼自封授或部落相稱先年入貢稱王亦有三四十人者答勑並稱王今盡裁奪恐夷情觖望下禮兵部議言西域諸國稱王者惟土魯番天方撒馬兒罕三國如日落諸國名甚多朝貢絶少且與土魯番諸國不相統弘治正德間土魯番十三入貢天方正德間四入貢稱王者率一人或二人三人餘稱頭目親屬嘉靖二年八年稱王者天方至六

七人土魯番至十一二人此兩年間撒馬兒罕至二十七人內閣言先年亦有稱王至三四十人者併數三國耳乃今土魯番十五王天方二十七王撒馬兒罕五十三王併數則百五六十王前此所未有況所稱王號原非舊文即有同者地面又異弘治時回勑書國稱一王若循撒馬兒罕往年故事類答王號人與一勑恐非所以尊中國而嚴外夷也自後各執賜勑率其部落貢不如期使不如數任意往來勢難阻絕驛傳勞煩宴賜頻數竭我財力以役遠夷計亦左矣　上從言言當是時土

魯番强殘破我嘉峪關外七衛及城郭諸國地大人衆非復陳驗封奉使時矣

黑婁

黑婁在嘉峪關西近土魯番世結好黑婁黑婁夷入貢從土魯番入其地山水草木禽獸皆黑男女亦然宣德七年始遣使朝貢

鹽澤

鹽澤在崖兒城西南去土爾番三千餘里在平川中廣不二里居民百家黑的兒火者稱王居鹽澤既死土酋强者統之產石鹽堅白如石可琢爲器

以盛肉食不鹽而鹹

哈烈

哈烈一名黑魯撒馬兒罕西南去嘉峪關萬三千里元駙馬帖木兒之子沙哈魯居其地國人稱爲速魯檀猶華言君王也東有俺都淮八剌黑諸城皆隸焉洪武二十五年遣使詔諭酋長賜金綺永樂七年頭目麼賚等朝貢十二年遣行在吏部員外郎陳誠使其國正統二年指揮哈只等貢馬王石城方十里居平川川廣百里四面大山王並東北山壘石爲屋屋若高臺無棟梁墻壁總牖皆金

碧琉璃門扉雕刻嵌骨角屋傍設綵繡帳房爲燕寢所金床重茵衣冠大類亦力把力民土房或氈帳以雨少故上下相與直呼名雖王亦然相見稍屈躬道撒力馬力一語握手或相抱爲禮致意於人則云撒籃少炊爨飯食就肆無匕箸交易用銀錢錢三等無正朔時日月亦無斗斛用權衡爲量稅十二國用資焉男髡首衣尚白乃喪易青黑無棺槨不祀鬼神祭先於墓所人多善走日行可三百里氣候常煖市中流水四時不斷多水磨風磨甆器尤精巧產巴旦杏鎖伏花毯金銀銅珊瑚琥

魏浩 三百六十

珀水晶珠翠名馬獅子黑白文獸白鹽堅明如水晶琢磨爲器以水潤之和肉食多桑宜蚕爲絖綺細密過中國農不甚勞然多穫田美而每歲更休地力得完也餽贈賜予宴會極豐厚男女瀆亂無恥大抵西域城郭諸國哈烈最鄙陋然有學舍聚生徒講習諸經義省刑罰薄賦斂寡爭訟好施予務農桑諸國又不及也在王城中極弘偉

默德那

默德那即回回祖國初國王謨罕驀德生而聖靈臣服西域諸國諸國尊爲別諳援爾華言天使也

國中有佛經三十藏凡三千六百餘卷書兼篆草楷西洋諸國皆用之隋開皇中國人撒哈八撒阿的斡葛思始傳其教入中國其地接天方有城池宮室田園市肆大類江淮間寒暑應候民物繁庶種五穀亦有陰陽星曆醫藥音樂諸技藝人俗重殺非同類殺不食不食豕肉織文雕鏤器皿最精巧宣德中國王遣人隨天方朝貢

俺都淮

俺都淮隸哈烈西南去哈烈千三百里東北去撒馬兒罕亦如之城在大村中村廣百里城居十一

平曠無險峻地沃人繁庶稱樂土

八剌黑

八剌黑一名八黑在俺都淮東北城居平川周十餘里南近山無險阨地平廣食物豐饒西南諸番賈聚焉永樂中哈烈沙哈魯各遣其子守之

于闐

于闐大國在葱嶺北二百里東西五千里南北千里漢唐皆入貢中國石晉時王李聖天自稱唐宗遣人入貢封爲大寶于闐國王宋未南遷朝貢不絶永樂六年頭目打魯哇亦不剌金遣滿剌哈撒

木丁等貢玉璞十二年吏部員外郎陳誠至其國國主微弱鄰國交侵人民僅萬計皆避居山谷間境內惟火州魯陳哈失哈力阿力稍有城邑餘皆荒墟敗屋生理極蕭索永樂以後西戎奉職貢不敢輒相攻始得休息行賈諸番遂富饒桑麻禾黍宛如中土人機巧喜浮屠法好歌舞工紡織相見輒跪得問遺書戴于首乃發之稍知尊卑禮節狀貌亦似華人其山葱嶺爲大嶺下有白玉河綠玉河黑玉河産玉胡錦雙峰駝諸香珠珊瑚翡翠琥珀花蕊布名馬膃肭臍金星石水銀獅子阿魏

火州

火州在嘉峪關外行可一月至本漢車師前後王地前王治交河城即唐交河縣去長安八千里後王治務塗谷即唐蒲類縣去長安九千里漢元帝時置戊巳校尉屯田於前王庭以其地勢高敞名高昌壘後魏初有闞伯周者自稱高昌王唐太宗平高昌置西州及都督府後陷於吐蕃其地有回鶻雜居故又名回鶻宋時屢遣使貢元號畏兀兒隸馬哈木八國朝號火州其東七十里有柳陳西百里有土魯番火州城近北地卑下山色如火天

氣多熱城方十餘里永樂七年土酋遣人朝貢十三年吏部員外郎陳誠至其國誠言其國風物蕭條市里民居僧堂過半亦皆零落東有荒城故址云古高昌國治漢西域長史戊巳校尉並居焉宣德五年火州王哈散土魯番萬戶賽因帖木兒柳陳誠萬戶瓦赤剌俱遣人貢馬及玉璞至今入貢不絕俗類匈奴烏孫事天神信佛法貴食馬好騎射時節潑水爲戲其山川靈山蒲類海交河爲大產馬駝鹽白氎布鑌鐵陰牙角阿魏

别失八里

别失八里在西域永樂三年其王沙迷查干遣人言哈密忠順王安克帖木兒爲北虜鬼力赤毒死願率兵討之　上喜遣使賜綵幣勑令與嗣忠順王脫脫相睦

魯陳

魯陳一名柳城古柳中縣地去哈密千里中經大川砂磧無水草馬牛過此輒死大風倏起人馬相失道傍多骸骨有鬼魅行人失侶白日迷亡夷人謂之旱海出川西行至流沙河河上有小岡云風捲浮沙所積道北火焰山山色如火城方二三里

四面多田園流水環繞樹林陰翳土宜稌麥麻豆有小蒲萄茸甜無核名鎖子蒲萄氣候和煖風俗醇朴人二種回回男子削髮戴小罩刺婦女白布裹頭畏兀兒男子椎髻婦人蒙皁巾垂髻於額大抵皆胡服

沙鹿海牙

沙鹿海牙在撒馬兒罕東五百里城據小岡西北臨山河河名水站勢衝急有浮梁其地南近山三面皆平川人繁庶依崖谷而居園林廣茂西有大沙洲可二百餘里無水即有水人不可飲飲牛馬

亦輙死有臭草根株獨立高尺許枝葉如蓋春生秋死臭氣逼人取生汁熬膏爲阿魏亦有細草可熬膏味如蜜

賽藍

賽藍在撻失干東西去撒馬兒罕千里城周三里四面平原草木長茂流水環繞五穀蕃殖秋夏間草生黑蜘蛛甚小毒甚嚙人遍身痛號呼聲動地土人禳詛者口誦呪以薄荷枝拂中毒處又以鮮羊肝遍擦其體經一晝夜痛方息愈後皮膚如蛻脫牛馬被傷輙死行人宿必近水避之

哈失哈力

哈失哈力宣德間遣十四人來朝貢或曰即阿力馬力

亦力把力

亦力把力在沙漠間或曰焉耆或曰龜兹元時名別失八里馬哈木封於此洪武二十四年國王黑的兒火者遣人貢馬永樂四年王沙迷查干遣人貢玉璞十二年陳吏部使其國十六年頭目速哥克剌滿剌來朝言歪思弑其從兄王納黑失只罕自立爲王徙其國西去更號亦力把力正統二年

王也先不花遣人貢玉璞駝馬景泰三年遣人朝貢天順以來入貢不絕其國無城郭宫室逐水草住牧設帳房氊罽寒暑坐臥於地其王戴小罩剌簪鵝翎衣秃袖衫削髮貫耳飲食肉酪或食稴麥爲毛布多雪霜平曠之地夏秋略煖深山大谷六月飛雪俗獷戾服用汚穢上下無紀律其山白山葱嶺爲大有熱海然氣候常寒產銅鐵鉛雌黄胡粉馬駝犛牛孔雀氍毹阿魏白氎布

阿丹

阿丹近古俚瀕海可舟行國中富饒有馬步勝兵

七八千鄰國畏之永樂九年詔中使鄭和賜命互市

白葛達

白葛達海中小國土瘠俗尚佛教宣德七年國王遣和者里一思等來朝貢

阿哇

阿哇永樂中王昌吉剌遣人來朝貢

瑣里

瑣里西海中小國物産甚微有撒哈剌諸異布洪武五年國王卜納的遣撒馬牙茶嘉兒幹的亦剌

丹八兒奉金字表朝貢圖上其土地山川賜大統曆金幣永樂元年復遣人朝貢

西洋瑣里

西洋瑣里近瑣里視瑣里差大物產大類瑣里洪武三年使來以金葉表文貢方物　上喜王敬中國涉海道甚遠賜甚厚永樂元年復遣人朝貢　上曰海外遠夷附載番貨勿征二十一年西洋十六國遣使千二百人貢方物至京師西洋瑣里貢獨豐美

彭亨

彭亨在東南海島中並山山傍多平原禽獸稀少草樹繁茂沃土宜穀饒蔬果洪武十一年遣人奉金葉表朝貢賜綵幣永樂十二年遣蘇麻固門的里來朝貢其俗上下親狎無寇盗男女椎髻好誦佛經煑海爲鹽釀椰爲酒産片腦諸香花錫

百花

百花在海中依山爲國國中有奇花嘉樹民俗饒富尚釋教洪武十一年國王剌丁剌者望沙亦遣八智亞壇奉金葉表朝賀産紅猴龜筒玳瑁孔雀倒掛鳥胡椒

婆羅

婆羅負山面海人多念佛素食惡殺喜施永樂四年國王遣人勿黎哥來朝貢眞珠玳瑁馬瑙車渠賜王及妃文綺

阿魯

阿魯一名啞魯在西南海中土廣人稀物產亦薄永樂五年國王速魯唐忽先遣滿剌哈三附古里諸國來朝貢令內臣至其國賜王文綺

小葛蘭

小葛蘭小國也東連大山西南北皆海永樂中太

監鄭和至其國王鎖里人遣人入貢俗尚浮屠重象牛飯和酥酪市用金錢婚喪巾服大類錫蘭山自錫蘭山別那里西北海行六晝夜可至

拂菻

拂菻在嘉峪關外萬餘里洪武四年遣其國故民揑古倫賫詔諭之尋遣人來朝貢其俗土屋無瓦貴臣如王服不尚鬪戰鑄金銀錢產金銀珠西錦千年棗馬獨峰駝巴欖

古里班卒

古里班卒在海中永樂三年國王遣人馬的來朝

貢其俗土瘠穀少登氣候不齊夏多雨雨即寒俗質朴男女被短髮假錦纏頭紅油布繫身物產甚薄

呂宋

呂宋在海中其國甚小顧產黃金以故亦富厚人頗質朴不喜爭訟永樂三年國王遣隔察老來朝貢

合猫里

合猫里地小土瘠國中多山山外大海海饒魚蟲人亦知耕稼永樂三年國王遣回回道奴馬高來

朝貢產蘇烏木胡椒

碟里

碟里國在東南海中大洲上洲有諸港通海人淳少訟尚佛物產甚薄永樂三年國王遣使馬黒木來朝貢

打回

打回海外小國數爲鄰國所苦已乃治兵器與鄰國戰戰勝稍得自立永樂三年遣麻勿來朝貢

日羅夏治

日羅夏治海中小國無他奇產產蘇木胡椒人頗

知種藝無盜賊崇佛教永樂三年國王遣文那打時鎮來朝貢

忽魯母恩

忽魯母恩在東南海中或曰在西徼外國小土瘠物産薄永樂三年國王遣巳卽丁朝貢

忽魯謨斯

忽魯謨斯在西南海中東連大山國中土厚宜耕種人質直狀貌偉碩喜作佛事常歌舞惡殺永樂三年國王遣馬剌足來朝貢産大馬西洋布獅子駝雞福祿靈羊馬哈獸

苷巴里

苷巴里在南海中大島上人多織錦粒食亦鮮食永樂十二年國王兜哇剌查遣得名公葛葛來朝貢

麻林

麻林未詳其國所在永樂十三年王遣人獻麒麟上喜厚賜之

古麻剌

古麻剌在東南海中永樂時王哇來須本率其臣來朝至福州卒賜謚康靖勑葬閩縣有司歲時祭

沼納樸兒

沼納樸兒在印度之中古所謂佛國也永樂中遣使詔諭國王一不剌金玉遣人來朝貢

加異勒

加異勒西戎小種居人不及千家貧窶乏食常傭鄰國永樂中王者麻里奈那遣使別里呆不來貢方物宣德間遣使朝貢

黑葛達

黑葛達國小民貧平川廣野草木暢茂禽獸鮮少俗尚佛畏刑市肆多牛羊交易用鐵錢宣德中國

人嘗遣使十人來朝貢方物

緻真誠

緻真誠國亦大多高山水流深縛木爲渡日中爲市諸賈皆集見中國磁漆器爭欲得之產異香駝馬永樂中國王遣四十人來朝貢

八答黑商

八答黑商永樂間遣四十人來朝貢方物織皮絨罽香木其國山川明秀人俗朴實奉佛有浮屠數區壯麗如王宮西洋西域皆商販於此大抵皆羽毛織文玉石香木駝羊也布帛銀錢皆可交易

覽邦

覽邦洪武九年遣人來朝貢永樂宣德中嘗附鄰國貢方物其國去西域遠甚無市賈販地多沙礫麻麥之外無他穀山坡垞無峰巒水亦淺濁俗亦好佛勤賽祀有駝馬牛羊市亦用錢

火剌札

火剌札國微人弱物產涼薄四圍皆山山鮮草木水流曲折亦無魚鰕城僅里許皆土屋板屋王居亦陋俗尚佛重僧喜中國磁器針線永樂十四年嘗遣人朝貢

討來思

討來思在海中周徑不百里城近山山下有水赤色望之如火然俗尚佛婦人主家事市中多駝羊馬牛亦有布縷毛褐交易用錢土宜麥稌無稻穀宣德六年嘗遣人朝貢

吃力麻兒

吃力麻兒永樂中遣使十一人來朝貢方物惟獸皮鳥羽氎褐之類其俗不事耕農喜射獵山果水淺西南傍海東北林莽深密多猛獸毒蟲得中國雄黃麝香磁器甚喜有達巷巷無市肆交易無期用

錢鐵

失剌思

失剌思永樂間遣人來朝貢時遣內外官以綺幣磁器市馬於迤西撒馬兒罕失剌思諸國獻陵即位詔諸使至十日內就所在還京無得托故稽留宣德中遣使八人來朝貢

納失者罕

納失者罕東去失剌思數日程皆舟行海中其國山林川澤有林木魚蟲城東平原饒水草可牧馬馬有數種最小者高不過二三尺俗敬事僧僧所至

必飲食之顧尚氣健鬬鬬不勝者衆共嗤之永樂中遣使十人來朝貢

亦思把罕

亦思把罕於西南海中爲大國廣袤近千里四面皆海西北多山東南皆平沙國有城堅壯王居亦侈麗物産豐厚風俗質朴尚佛畏刑喜施惡奪亦有中國人寓寄者時時出賈撒馬兒罕市多馬駝少布帛有珠玓而無稻黍曰食惟麥穄麥粒麤壯甘美永樂中遣使四十四人來朝貢

淡巴

淡巴在西南海中洪武十年國王遣人來貢賜之金幣其國風景秀贍土地廣衍泉甘而水清草木暢茂畜產甚夥城以石築屋以瓦覆王乘輿官跨馬頗有威儀國人勤生種藝織縷抱布男女咸務常業市有交易野無寇盜稱樂土矣

耳把里

耳把里永樂間遣六人來朝貢自言其國小介其西南海中與諸鄰國不通交易物產又薄山無長林田無宿麥以故國用常乏人民艱窘然奉佛善不求積聚無乞丐者

白松虎兒

白松虎兒舊名速麻里兒國中無大山山卑小者亦鮮林木無猛獸毒蟲之害先時嘗有白虎出松林中遇獸不食遇人不傷旬月後竟不見國人稱爲神虎父老又曰此西方白虎降精以是更其國爲白松虎兒永樂中遣使十六人來貢

答兒密

答兒密永樂間遣使十八人來朝貢方物賜大統曆文綺藥茶國在海中不百里人不滿千家有墻壘而無城郭屋以板覆田以牛耕王居官舍不甚

差別產馬駝羊牛毛褐布縷交易兼用銀錢刑專用箠朴服屬撒馬兒罕

阿速

阿速在西海中爲大國多撒馬兒罕天方諸國人有城倚山面川川南流入海海有魚鹽之市野有耕牧之利敬佛畏鬼好布施惡爭鬬物產饒裕涼暄適節人無飢寒夜無寇盜永樂中遣百十二人來朝貢

沙哈魯

沙哈魯永樂間遣七十七人來朝貢國在阿速西

南海島中人民淳直耻鬬好佛交易海中諸國西域賈胡來市海中奇物不惜高價亦有價廉而得奇貨去者沙哈魯人不識也王及酋長居城中有瓦屋庶人旅處城外田野中村落相聚山川環抱畜產豐利

西蕃

西蕃即土蕃本羌屬凡百餘種散處河湟洮岷間元世祖始爲郡縣以吐蕃僧八思巴爲大寶法王帝師領之嗣世弟子號司空司徒國公佩金玉印明興洪武六年令諸酋舉故官授職以攝帝師喃

加巴藏卜爲熾盛佛寶國師元國公南哥思丹八亦監藏等爲都指揮同知宣慰使元帥招討等官自是蕃僧有封灌頂國師及贊善王闡化王正覺大乘法王如來大寶法王者俱賜印誥令比歲或間歲朝貢令其地爲都指揮使司二曰烏思藏曰朶甘指揮使司一曰隴答宣慰使司三曰朶甘曰董卜韓胡曰長河西魚通寧遠招討使司六曰朶甘思曰朶甘瓏答曰朶甘丹曰朶甘滄溏曰朶甘川曰磨兒勘萬戶府四曰沙兒可曰乃竹曰羅思端曰別思麻千戶所十七闡化闡教輔教三王貢

使自四川入贊化王自陝西入每貢百人多不過五十人大乘大寶二法王貢無每貢僧徒十人凡諸王嗣封賜誥袈裟僧帽數珠鈴杵以大慈恩寺剌麻僧二人充正副使四川自黎州或天全陝西自洮州出境宣德元年封大寶大乘闡教闡化贊善五王九年闡化王貢使乩藏等還以賜物易茶至臨洮没入茶并留乩藏等聞　上命釋之還其茶成化五年封闡教輔教二王十六年封闡化王皆厚賞長河西魚通寧遠歲一貢貢止五六十人多不過百人自雅州入正統初來貢賞甚厚五年

剌麻僧貢馬十年番僧亦貢馬景泰四年入貢賞稍減天順元年貢賞如故三年尊勝寺清修翊善大國師獲印遣人貢舍利成化初番僧入貢十二年貢使九百人賞少減弘治二年貢使千三百人減賞朶耳思洪武十八年令歲一貢自雅州入天順七年宣慰使來貢厚賞董卜韓胡亦一貢如朶耳思四川威茂松番金川雜谷達思蠻諸番僧皆三歲一貢貢百人多不過百五十人或歲一貢貢三十人多不過五十人洮岷番寺歲一貢貢一寺四五人番簇二年一貢大簇四五人小簇一二人

至京餘留塞上洪武四年置洮州衛軍民指揮使司永樂九年置洮州茶馬司火把藏思曩曰諸簇歲納馬三千五十匹洪武初置河州衛改河州衛軍民指揮使司七年置河州茶馬司必里衛二州七站西番二十九簇歲納馬七千七百五匹洪武十一年置岷州衛軍民指揮使司又置西寧衛西寧茶馬司歲納馬三千五百匹市法上馬茶百二十斤中馬七十斤下馬五十斤五王諸僧番簇在四川西寧洮岷河出陝西西寧在黃河北洮岷河在黃河南陝西諸番畏宋將軍四川諸番敬信丁

大夫丁大夫玉國初爲御史大夫出鎮四川最久威惠並行夷民安輯宋將軍晟洪武永樂中久鎮西垂積功封西寧侯丁宋皆克平羌將軍成化十九年西番滿松反侵內地巡撫都御史馬文升討之斬首八十三級正德初北虜徙居西海蠶食諸番勢漸吞併識者慮其結勾深入如前代吐蕃吐谷渾事當是時虜在西海言官言前代有屯兵青海以絕羌虜連和內侵者然徵輸調發民力大困正德十年調朔方勁兵逐勦虜避走松潘旋歸故巢費以萬計竟無成功嘉靖元年西番反鎮守都

督鄭卿討之不能克班師自是歲入境殺虜人畜八年洮岷番賊數至鞏昌殺吏士掠人畜焚廬舍隴右騷動尚書王瓊請賊入聽官軍襲至賊巢勦殺番人畏之已而兵至塞防秋套虜番賊遂乘虛深入臨洮鞏昌殺掠大慘尚書李承勛言西番土地被西海虜酋亦卜剌侵占日益內徙將來番胡交通益肆猖獗何以善後昔漢趙充國不戰而服羌叚熲殺羌百萬爲費以億計內地虛耗是知用勇將者雖可取快目前任老成者必能獲萬全之策乞廣宣帝之明專充國之任制馭西番事宜悉

令瓊從長區處　上從之瓊曰欲撫罕必勦先零遣遊擊將軍彭棫鎮守都督劉文統兵自固原進至洮岷分據要害且撫且勦撫定六十五簇恃險拒戰者十六簇斬首三百七十西番風俗大抵皆質直朴魯上下一心君臣爲友吏治無文音樂尚琴瑟食酪衣氈居毛帳務耕牧好狠鬭貴壯賤弱懷恩重利尊釋信詛其山川崑崙山可跋海黄河折支湟水爲大産金銀銅錫犂牛名馬天鼠皮獨峰駝青稞麥豈豆羺羊貢物多畫佛銅佛銅塔舍利足力麻鐵力麻氆氌珊瑚犀角左髻毛纓明盔

三百六十八李千承

甲刀劒遮甲麻衣馬青鹽外史氏曰西戎亦能爲中國患從申侯逼遷西周附隗囂族拒東漢唐連吐番直入長安宋失熙河併於西夏爲禍不小我以官賞貢市羈縻之西鄙稍寧正德以後邊防大弛戎心遂啓瓊議欲於洮岷河蘭間繕城堡遠斥堠廣儲蓄謹備海賊勿使得連西番即有侵侮務請精兵駐臨洮鞏昌要害之地拒之斯良策也

韃靼

韃靼北胡也即夏獯鬻周玁狁秦漢匈奴唐突厥宋契丹漢時匈奴最强匈奴弱而烏桓遂盛漢末

鮮卑滅烏桓鮮卑既衰蠕蠕强大與魏爲敵蠕蠕滅而突厥起盡有西北地唐李靖滅突厥五代及宋契丹爲盛女眞滅契丹號金侵中國遂稱皇帝其別小部曰蒙古曰太赤烏曰塔塔兒曰克列各有分地蒙古并諸部滅女眞及宋國號元入主中國　明興逐元順帝遁歸朔漠傳子愛猷識里達臘愛猷識里達臘死子脱古思帖木兒立爲可汗我兵出塞獲其子地保奴脱古思帖木兒爲也速迭兒所弑諸大臣立坤帖木兒爲可汗而猛哥帖木兒爲瓦剌王建文三年坤帖木兒死鬼力赤立

爲可汗阿魯帖木兒乃兒不花阿魯台佐之馬哈木者居瓦剌時時與阿魯台相讐殺自順帝至鬼力赤凡七世其二一世不可考鬼力赤衰諸酋立本雅失里爲可汗殺我使臣給事中郭驥我遂封瓦剌馬哈木爲順寧王太平賢義王把禿孛羅安樂王令伺本雅失里我兵出塞本雅失里敗走阿魯台來降封爲和寧王而馬哈木又叛我兵討馬哈木敗去阿魯台又叛阿魯台弒本雅失里自稱可汗馬哈木屢敗阿魯台而瓦剌强盛瓦剌三王馬哈木獨强洪熙元年馬哈木欲自立爲可汗恐衆

不附仍立元孽脫脫不花爲可汗居沙漠北馬哈木居瓦剌宣德九年阿魯台死正統元年馬哈木之子脫懽在沙漠西北與其部酋朶兒只伯相讐殺脫懽死其子也先爲太師驍勇淩脫脫不花景泰中也先弑脫脫不花自稱田盛大可汗已而爲其平章哈剌逐死天順初孛來殺哈剌立小王子小王子又爲孛來𤺥王子所弑孛來衰而其大酋毛里孩阿羅出孛羅出猛可少師與孛來𤺥王子讐殺而立脫思爲王脫思者故小王子從兄也成化中阿羅出結𠂢加思蘭孛羅出結毛里孩出入

河套乩加思蘭强殺阿羅出併其衆而結滿都魯王入河套滿都魯稱可汗而乩加思蘭爲太師與毛里孩乜烈忽孛羅忽出入塞下乩加思蘭欲殺滿都魯而立斡赤來爲可汗不克乩加思蘭爲滿都魯所殺滿都魯衰而把禿猛可王太師亦思馬因知院羅千强盛弘治初把禿猛可死弟伯顔猛可立爲王當是時瓦剌與伯顔猛可皆遣人入貢而火篩數入寇火篩者小王子部落也與小王子相讐殺小王子益衰正德中瓦剌西徙與土魯番相讐殺小王子三子長阿爾倫台吉次阿着滿官

嗔太師亦不剌弑阿爾倫台吉走河西阿爾倫台吉二子長卜赤次乜明皆幼阿着稱小王子阿着死衆立卜赤稱亦克罕卜赤死而不及兒台吉稱小王子或曰不及兒台吉卽乜明或曰卜赤子也阿着二子曰吉囊曰俺答亦不剌部從吉囊火篩部從俺答于是小王子種落又盛嘉靖中吉囊俺答最强犯我陝西河東雲中上谷而亦不剌及瓦剌時時出入寧夏甘肅塞下吉囊死其子板不孩與不及兒台吉出入河套庚戌入古北口犯京師自後秦晉燕代漁陽遼東西無寧歲歲請貢帑金

數百萬計征調勞煩而權門大吏寵賄益章本兵邊鎮文武大臣多受誅殛戰守無策專事蒙蔽矣其俗無城郭宮室徒帳房逐水草畜牧射獵有徵會刻木封箭爲信挾其長技上下山谷往來聚散忽如風雨其喜盜好殺輕生嗜利篡弒蒸淫三綱瀆亂自古然矣産馬槖駝野馬豲羊角端䶂貂鼠青鼠土撥鼠豽沙雞酥酪四夷惟𩋾韃種最多最狡凶悍爲中國患最甚別爲北虜考

皇明四夷考卷下終

子履準校

孫心材重校